Byd Pyramidiau

Anne Millard

Addasiad Elin Meek

Gomer

Cyhoeddwyd gyntaf ym Mhrydain yn 2005 gan
Kingfisher Publications Plc., New Pendrel House,
283-288 High Holborn, Llundain WC1V 7H2.
www.kingfisherpub.com

Cyhoeddwyd gyda chymorth
Cynulliad Cenedlaethol Cymru.

ISBN 1 84323 628 1

ISBN-13 9781843236283

Cyhoeddwyd yn 2006 gan
Wasg Gomer, Llandysul,
Ceredigion, SA44 4JL
ar gyfer ACCAC.

www.gomer.co.uk

CYNNWYS

OES Y PYRAMIDIAU   4

Y brenin   6

Y bobl   8

Crefftwyr ac ysgrifenyddion   10

Cludiant   12

Offeiriaid a duwiau   14

ADEILADU PYRAMID   16

Pyramidiau grisiau   18

Pyramidiau ochr syth   20

Gwaith ar y gweill   22

Addurno   24

Pyramidiau Giza   26

ANGLADD BRENHINOL 28

Mymis 30

Cwlt yr angladd 32

Y Byd Nesaf 34

BEDDRODAU'R DEYRNAS
NEWYDD 36

Pyramidiau i'r bobl 38

Cliwiau i'r gorffennol 40

PYRAMIDIAU GWLEDYDD

AMERICA 42

Y Maya 44

Chichén Itzá 46

Y ddinas arnawf 48

Y Deml Byramid Fawr 50

Y Moche 52

Yr Incas 54

ADRAN GYFAIR

Pyramidiau o gwmpas y byd 56

Pŵer pyramidiau 58

Geirfa 60

Mynegai 62

Cydnabyddiaeth 64

OES Y PYRAMIDIAU

Mae'r Aifft yn wlad hen iawn. Daeth yn genedl unedig tua 5,000 mlynedd yn ôl a'i brenhinoedd ei hun yn ei rheoli am 3,000 mlynedd. Mae hanes yr Aifft wedi'i rannu'n sawl cyfnod. Y tri chyfnod pwysicaf oedd yr Hen Deyrnas, y Deyrnas Ganol a'r Deyrnas Newydd. Yn ystod yr Hen Deyrnas adeiladodd yr Eifftiaid feddrodau carreg anferth o'r enw pyramidiau. Felly, mae'r cyfnod yma hefyd yn cael ei alw'n Oes y Pyramidiau.

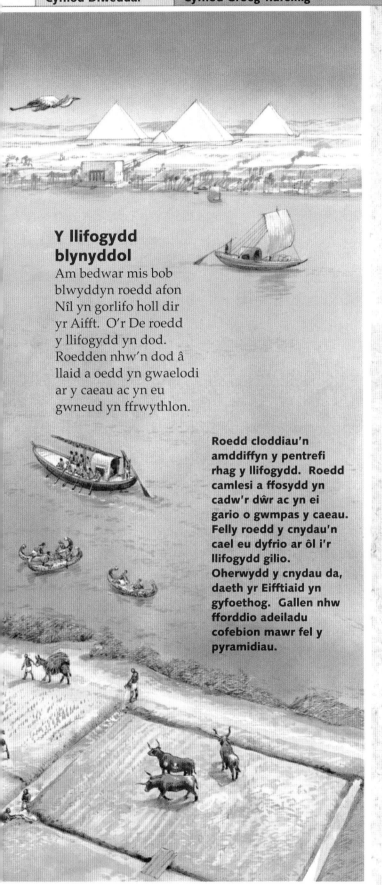

Y llifogydd blynyddol

Am bedwar mis bob blwyddyn roedd afon Nîl yn gorlifo holl dir yr Aifft. O'r De roedd y llifogydd yn dod. Roedden nhw'n dod â llaid a oedd yn gwaelodi ar y caeau ac yn eu gwneud yn ffrwythlon.

Roedd cloddiau'n amddiffyn y pentrefi rhag y llifogydd. Roedd camlesi a ffosydd yn cadw'r dŵr ac yn ei gario o gwmpas y caeau. Felly roedd y cnydau'n cael eu dyfrio ar ôl i'r llifogydd gilio. Oherwydd y cnydau da, daeth yr Eifftiaid yn gyfoethog. Gallen nhw fforddio adeiladu cofebion mawr fel y pyramidiau.

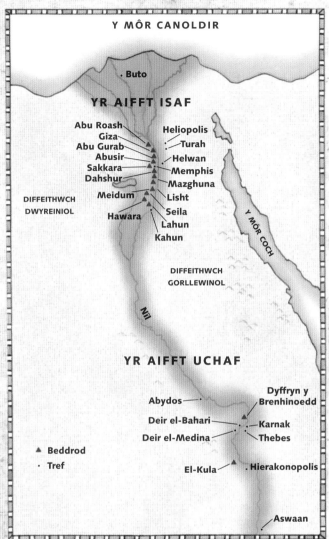

Y tri pheth pwysicaf i'r hen Eifftiaid oedd eu brenin, y Byd Nesaf ac afon Nîl. Gwlad sych iawn yw'r Aifft a phrin mae'n bwrw glaw yno. Roedd afon Nîl yn rhoi dŵr i blanhigion, anifeiliaid a phobl. Adeiladwyd y pyramidiau brenhinol, lle roedd corff ac eiddo hen frenhinoedd, ar lannau gorllewinol afon Nîl.

5

Y brenin

Dwy wlad ar wahân oedd yr Aifft cyn iddi gael ei huno. Anghofiodd yr Eifftiaid mo hyn. Teitl y brenin oedd Brenin yr Aifft Isaf ac Uchaf. Gwyddai'r bobl fod eu brenin yn arbennig iawn. Roedd yn ddisgynnydd i Re, y duw haul. Hefyd, pan fyddai'r brenin yn eistedd ar yr orsedd yn gwisgo'i holl deyrndlysau, byddai ysbryd y duw Horus yn siarad drwyddo.

▲ Mewn cerfiadau a phaentiadau, roedd y brenin yn aml yn cael ei ddangos ddwywaith, fel Brenin yr Aifft Isaf a Brenin yr Aifft Uchaf.

▲ Cyn gynted ag y byddai brenin newydd yn esgyn i'r orsedd, byddai'n gorchymyn i bensaer ddechrau cynllunio'i feddrod ar unwaith.

Roedd y Goron Wen yn cael ei gwisgo yn yr Aifft Uchaf, y tir yn y de, a'r Goron Goch yn cael ei gwisgo yn yr Aifft Isaf, o gwmpas aber afon Nîl. Roedd y Goron Ddwbl yn symbol o'r Aifft unedig. Roedd brenhinoedd y Deyrnas Newydd yn gwisgo'r Goron Las, neu'r helm rhyfel.

Gan ei fod yn dduw ar y ddaear, roedd rhaid parchu'r brenin pan oedd wedi marw. Roedd rhaid cadw ei gorff a gwarchod y nwyddau roedd eu hangen arno yn y Byd Nesaf rhag lladron. Hefyd, roedd rhaid i'w ysbryd dwyfol cael ei godi i ymuno â'r duwiau yn y nefoedd. Felly roedd angen codi cofeb arbennig – pyramid.

▶ Roedd y fagl a'r ffust yn symbolau o awdurdod y brenin.

Dewis safle

Roedd Tir y Meirw yn y gorllewin, lle mae'r haul yn machlud. Felly, dewiswyd safle gwastad yn y Diffeithwch Gorllewinol i feddrod y brenin. Byddai'n cymryd sawl blwyddyn i'w adeiladu.

7

Y bobl

Mae teuluoedd brenhinol yr Aifft wedi'u rhannu'n llinachau. Buodd Llinachau III i VI yn rheoli'r Hen Deyrnas. Islaw'r teulu brenhinol roedd gwŷr llys, gweision sifil uchel, cadfridogion ac uwch offeiriaid. Wedyn roedd yr ysgrifenyddion, swyddogion y llywodraeth, offeiriaid ac offeiriadesau, meddygon, peirianwyr a milwyr. Roedd y bedwaredd haen yn cynnwys crefftwyr a galarwyr proffesiynol, dawnswyr a gweision. Gwerinwyr a llafurwyr oedd y mwyafrif.

▶ Gallwn ddychmygu cymdeithas yr Hen Aifft fel pyramid yn cynnwys sawl haen. Y brenin oedd ar frig y pyramid. Dim ond y brenhinoedd diweddaraf oedd yn cael eu galw'n pharo.

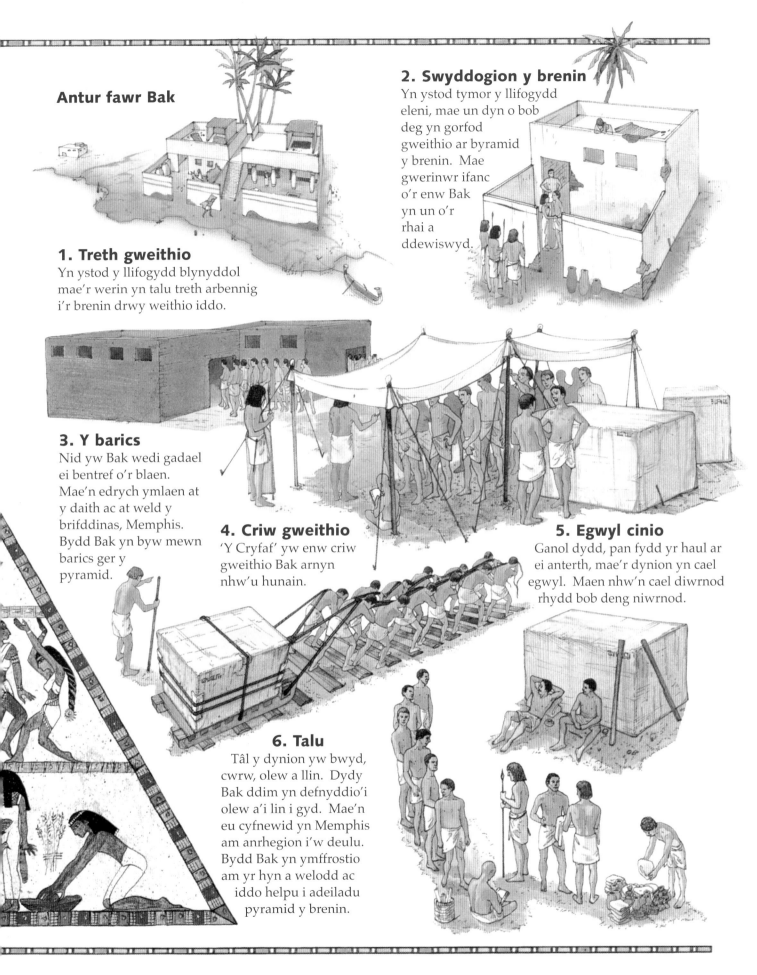

Antur fawr Bak

1. Treth gweithio
Yn ystod y llifogydd blynyddol mae'r werin yn talu treth arbennig i'r brenin drwy weithio iddo.

2. Swyddogion y brenin
Yn ystod tymor y llifogydd eleni, mae un dyn o bob deg yn gorfod gweithio ar byramid y brenin. Mae gwerinwr ifanc o'r enw Bak yn un o'r rhai a ddewiswyd.

3. Y barics
Nid yw Bak wedi gadael ei bentref o'r blaen. Mae'n edrych ymlaen at y daith ac at weld y brifddinas, Memphis. Bydd Bak yn byw mewn barics ger y pyramid.

4. Criw gweithio
'Y Cryfaf' yw enw criw gweithio Bak arnyn nhw'u hunain.

5. Egwyl cinio
Ganol dydd, pan fydd yr haul ar ei anterth, mae'r dynion yn cael egwyl. Maen nhw'n cael diwrnod rhydd bob deng niwrnod.

6. Talu
Tâl y dynion yw bwyd, cwrw, olew a llin. Dydy Bak ddim yn defnyddio'i olew a'i lin i gyd. Mae'n eu cyfnewid yn Memphis am anrhegion i'w deulu. Bydd Bak yn ymffrostio am yr hyn a welodd ac iddo helpu i adeiladu pyramid y brenin.

Crefftwyr ac ysgrifenyddion

Wrth i'r llafurwyr dynnu'r blociau enfawr o garreg, roedd crefftwyr wedi'u hyfforddi'n gwneud y gwaith mwy medrus ar y pyramid. Roedd y gweithlu'n cynnwys syrfewyr, gweithwyr metel, seiri maen a choed. Byddai arlunwyr a cherflunwyr yn addurno waliau'r temlau. Byddai ysgrifenyddion yn cadw cofnod o'r holl ddeunyddiau oedd eu hangen.

▶ Mae gorchmynion ysgrifenedig wedi'u hanfon at y goruchwyliwr yn y chwarel calchfaen i dorri cerrig i byramid y brenin. Mae pob bloc yn pwyso bron i dair tunnell. Mae'r dynion yn defnyddio rhaffau a liferi i'w symud nhw.

▶ Mae ffos fechan yn cael ei thorri, i roi amlinell bloc. Wedyn mae lletem (cŷn) bren yn cael ei tharo i mewn â gordd. Wedyn mae'r lletemau'n cael eu mwydo â dŵr. Wrth i'r pren chwyddo, mae'r garreg yn hollti.

Gweithwyr metel

Dysgodd Eifftiaid sut i drin copr ac aur. Gwnaethon nhw offer, arfau a gemwaith hardd. Wedyn llwyddon nhw i ddarganfod sut i wneud efydd o gopr a thun drwy dwymo'r mwyn mewn ffwrnais. Roedd efydd yn galetach na chopr.

Erbyn cyfnod y Deyrnas Newydd roedd yr Eifftiaid wedi dyfeisio meginau i'w gweithio â thraed. Byddai'r metel tawdd yn cael ei arllwys i fowldiau. Roedd offer metel yn werthfawr iawn. Byddai'r goruchwyliwr yn eu rhoi i'r gweithwyr bob dydd, ac yn cofnodi eu bod wedi'u dychwelyd.

◀ **Mae gweithwyr y chwarel yn defnyddio rhaffau a liferi i symud y blociau carreg. Byddan nhw'n cael eu cadw tan i'r llifogydd blynyddol ddod. Yna cânt eu llwytho ar longau a'u rhwyfo ar draws yr afon i'r safle adeiladu.**

▼ **Mae'r blociau'n cael eu troi'n sgwariau bras â chŷn a gordd a'u marcio er mwyn eu hadnabod wedyn.**

Ysgrifenyddion

Byddai'r ysgrifennydd yn eistedd goesgroes a bwrdd dros ei bengliniau. Byddai'n ysgrifennu â phen corsen o bapurfrwyn. Roedd ei balet yn cynnwys cacennau inc a phennau. Roedd ysgrifenyddion yn hynod bwysig. Dim ond ychydig o deuluoedd oedd yn gallu fforddio'r addysg hir i ddysgu'r cannoedd o hieroglyffau, neu'r darluniau a oedd yn cael eu defnyddio wrth ysgrifennu.

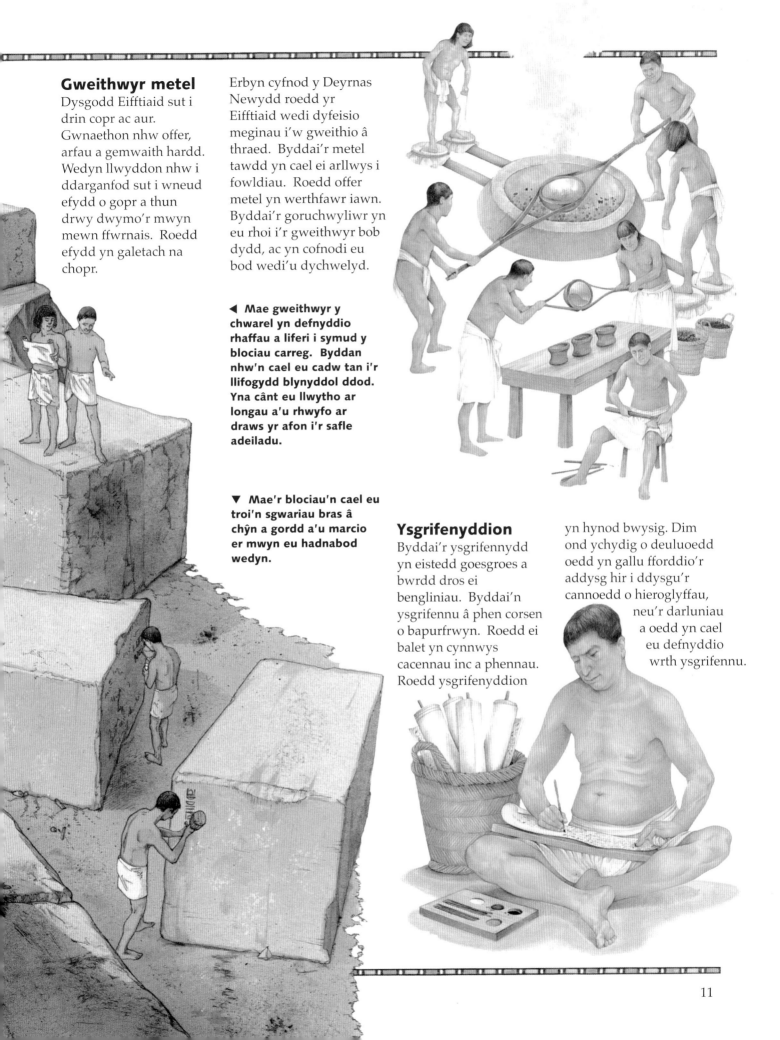

Cludiant

Byddai'r holl gerrig oedd eu hangen i adeiladu pyramid yn cael eu cludo o'r chwareli ar longau. Adeg y llifogydd blynyddol roedd modd cario'r cerrig hyd at ymyl y diffeithwch. Roedd y llongau mawr i'w defnyddio ar afon Nîl neu'r môr wedi'u gwneud o bren o Libanus.

▲ Hwn oedd yn dal mast y llong yn ei le.

Roedd rhwyfau a hwyliau ganddyn nhw. Byddai'r Eifftiaid yn masnachu â gwledydd dwyrain y Môr Canoldir. Roedd yr elw o'r fasnach hon yn helpu i dalu am adeiladu'r pyramidiau.

Cludiant ar y tir

Byddai pethau bach yn cael eu cludo mewn basgedi, neu iau ar yr ysgwyddau. Asynnod fyddai'n cario nwyddau swmpus fel grawn.

Dechreuodd ceffylau gael eu defnyddio yn yr Aifft cyn dechrau'r Deyrnas Newydd. Chafodd camelod mo'u defnyddio tan y Cyfnod Diweddar.

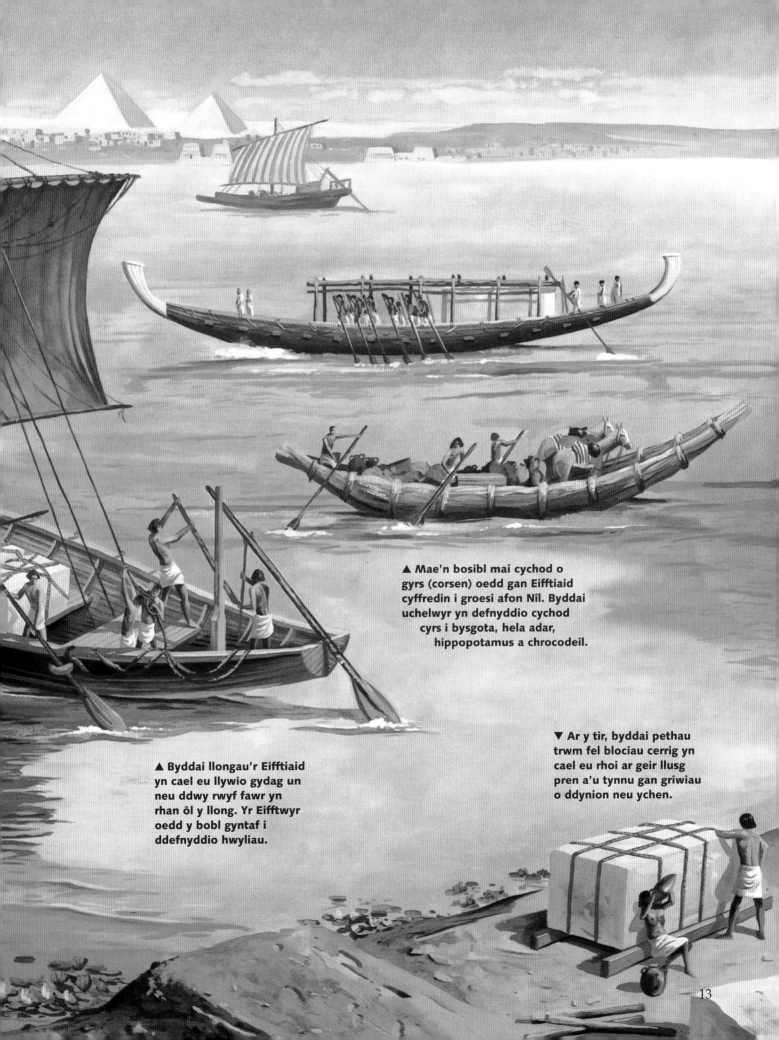

▲ Mae'n bosibl mai cychod o gyrs (corsen) oedd gan Eifftiaid cyffredin i groesi afon Nîl. Byddai uchelwyr yn defnyddio cychod cyrs i bysgota, hela adar, hippopotamus a chrocodeil.

▲ Byddai llongau'r Eifftiaid yn cael eu llywio gydag un neu ddwy rwyf fawr yn rhan ôl y llong. Yr Eifftwyr oedd y bobl gyntaf i ddefnyddio hwyliau.

▼ Ar y tir, byddai pethau trwm fel blociau cerrig yn cael eu rhoi ar geir llusg pren a'u tynnu gan griwiau o ddynion neu ychen.

Dod o hyd i'r gogledd cywir

Roedd rhaid i byramid gael ei osod ar linell Seren y Gogledd. Byddai offeiriad yn sefyll mewn lle caeëdig, a nodi safle seren wrth iddi godi uwchben y wal. Yna byddai'n aros a nodi'r safle lle roedd yn machlud o dan y wal.

Drwy haneru'r ongl rhyngddo ef a'r pwyntiau lle roedd y seren yn codi a machlud, byddai'r offeiriad yn dod o hyd i'r gogledd cywir.

Offeiriaid a duwiau

 Roedd yr Eifftiaid yn addoli dwsinau o dduwiau a duwiesau gwahanol. Yn ystod eu hanes hir, daeth rhai'n fwy poblogaidd, a chafodd eraill eu hanghofio. Y brenin oedd pennaeth bob cwlt, ond byddai'n penodi offeiriaid i weithredu ar ei ran.

▲ Horus, duw'r awyr. Roedd ei ysbryd yn mynd i mewn i'r brenin. Yr haul a'r lleuad oedd ei lygaid.

▲ Ptah, duw'r greadigaeth. Dyfeisiodd y celfyddydau. Hefyd roedd yn dduw lleol i'r brifddinas, Memphis.

O'r dechrau'n deg, byddai offeiriaid yr Aifft yn astudio'r sêr. Symudiadau'r sêr, y planedau a'r haul oedd sail calendr yr Eifftiaid. Bydden nhw hefyd yn defnyddio'r sêr i bennu union safle ochrau pyramid. Roedd rhaid iddo wynebu pedwar pwynt y cwmpawd.

Seremoni gosod seiliau

Byddai'r brenin, gydag offeiriades wedi'i gwisgo fel y dduwies Seshat, yn marcio amlinell. Pyst pren a rhaffau rhyngddynt oedd yn gwneud hyn.

Mewn cyfnodau diweddarach, byddai'r ddefod hon yn digwydd wrth osod seiliau temlau. Mae'n bosib iddi gael ei defnyddio mewn seremonïau gosod seiliau pyramidiau hefyd.

▲ Cafodd y Sidydd Eifftaidd yma ei gerfio ar nenfwd cysegrfa i Osiris yn nheml Denderah. Mae bellach yn amgueddfa'r Louvre ym Mharis.

▲ Hathor, duwies cariad a phrydferth-wch. Unwaith cododd yr haul i'r nefoedd ar ei chyrn.

▲ Isis, chwaer a gwraig Osiris. Hi oedd mam Horus. Roedd yn wraig a mam berffaith.

▲ Re-Horakhty, duw'r haul a Horus yn un. Mae ei ddarlun yn dangos haul ar ben hebog.

▲ Osiris oedd duw'r meirw. Yn ei deyrnas yn y Gorllewin, byddai eneidiau'n cael eu barnu a'u dedfrydu.

▶ Roedd y gweithwyr yn byw mewn barics. Byddai seiri maen medrus a rhai llafurwyr yn gweithio ar y pyramid drwy'r flwyddyn. Adeg y llifogydd blynyddol, byddai miloedd o ddynion ychwanegol yn dod i helpu er mwyn talu eu treth gweithio.

16

ADEILADU PYRAMID

Roedd adeiladu pyramid yn dipyn o gamp o ran gwaith trefnu a pheirianneg. Gallai pyramid mawr gymryd dros ugain mlynedd i'w godi. Byddai'r blociau'n cael eu gosod fesul haen. Bydden nhw'n cael eu llusgo i fyny ramp o frics a rwbel. Wrth i bob haen ddod yn barod, byddai'r ramp yn cael ei godi'n uwch a'i wneud yn hirach. Ar y diwedd byddai casin o galchfaen yn cael ei roi yn ei le.

◀ Byddai llwybr o roleri pren yn cael ei wneud i'r ceir llusg symud yn haws wrth gario'r blociau carreg. Roedd rhai llawn yn mynd i fyny un ochr, a'r rhai gwag yn dod i lawr yr ochr arall.

◀ Roedd gweithio yn haul poeth y diffeithwch yn codi syched ar lafurwyr. Roedd rhaid iddyn nhw gael digon o ddŵr drwy'r amser.

Mae'r Pyramid Mawr yn 147 metr o uchder. Mae'n llawer uwch na'r holl adeiladau enwog hyn.

Adeiladwyd y pyramid cyntaf yn Sakkara i'r Brenin Zoser. Cafodd ei alw'n byramid grisiau oherwydd ei siâp. Yn ddiweddarach adeiladwyd pyramidiau ag ochrau syth, neu byramidiau cywir. Pyramid cywir yw'r Pyramid Mawr yn Giza. Cafodd ei adeiladu i'r Brenin Khufu tua 4,500 blynedd yn ôl.

17

Pyramidiau grisiau

Adeiladodd Imhotep, pensaer Zoser, feddrod y brenin o garreg yn lle brics mwd. Yna gosododd ragor o risiau carreg ar ei ben, gan greu'r pyramid cyntaf erioed. Pam wnaeth e hyn? Roedd y brenhinoedd yn credu y byddai eu heneidiau'n mynd at y Rhai Diddarfod – sêr y gogledd sydd byth yn machlud o dan y gorwel. Felly mae'n bosib mai grisiau symbolaidd i'r sêr oedd y pyramid grisiau.

O'r beddrod i'r pyramid grisiau

1 Pydewau yn y tywod oedd y beddau cynnar.

2 Roedd twmpath ar ben rhai diweddarach.

3 Wedyn daeth beddrodau llaid a brics. Roedd beddrodau brenhinol yn fwy na rhai'r uchelwyr.

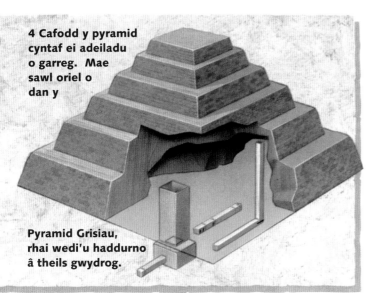

4 Cafodd y pyramid cyntaf ei adeiladu o garreg. Mae sawl oriel o dan y

Pyramid Grisiau, rhai wedi'u haddurno â theils gwydrog.

Mae pyramid Zoser wedi'i osod mewn lle caeëdig gyda chyrtiau agored a llawer o adeiladau: y palas a'i swyddfeydd mae'n debyg. Mae'r adeiladau eraill yn solet. Ond, drwy hud, byddai'r brenin yn gallu eu defnyddio yn y Byd Nesaf.

Y pyramid cywir cyntaf

Adeiladodd Huni byramid grisiau yn Meidum. Trodd ei fab Sneferu ef yn byramid

ochrau syth. Ond cwympodd y casin newydd, gan dynnu llawer o'r pyramid grisiau gwreiddiol hefyd. Tybed a oedd diffyg yn y cynllun neu yn yr adeiladu?

Pyramid cam

Dechreuodd Sneferu adeiladu pyramid ochrau syth yn Dahshur. Hanner y ffordd i fyny, cafodd y peirianwyr ofn. Roedden nhw'n meddwl bod ongl yr ochrau'n rhy serth. Felly gwnaethon nhw'r llethr yn fwy esmwyth a chreu'r Pyramid Cam.

Gŵyl heb sed

Pan oedd brenin wedi teyrnasu am dri deg mlynedd roedd yn dathlu'r *heb sed*. Diben yr ŵyl hudol hon oedd adnewyddu cryfder y brenin. Rhan o'r seremonïau oedd gweld y brenin yn rhedeg. Roedd angen iddo ddangos ei fod yn rheoli ei wlad a hefyd bod ei gorff yn iach.

Pyramidiau ag ochrau syth

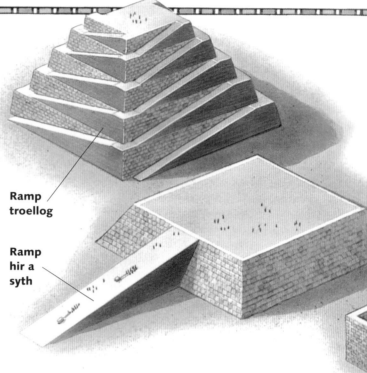

O Linach IV ymlaen, roedd ochrau syth gan bob pyramid. Roedd testunau crefyddol o'r enw Testunau'r Pyramidiau'n addo y byddai pelydrau'r haul yn cael eu cryfhau er mwyn i'r brenin gerdded i fyny i ymuno â Re. Efallai bod pyramidiau ag ochrau syth yn symbol o'r pelydrau hyn.

Ramp troellog

Ramp hir a syth

▲ Mae cerfiadau ar Deml y Corffdy'n dangos sut rai oedd llongau'r Aifft.

1. Teml y Dyffryn
Pan fyddai brenin yn marw, byddai ei gorff yn cael ei gludo ar draws afon Nîl i Deml y Dyffryn i gael ei droi'n fymi.

Y ramp
Doedd dim craeniau gan yr hen Eifftiaid. I adeiladu pyramid, roedd rhaid codi ramp enfawr a llusgo'r blociau carreg i fyny ar geir llusg. Mae rhai haneswyr wedi awgrymu bod y ramp yn mynd o gwmpas y pyramid.

Ond mae olion rampiau ar adeiladau heb eu gorffen yn dangos mai un ramp hir a syth oedd yn cael ei ddefnyddio. Roedd yr Eifftiaid yn barod i adeiladu rampiau mor hir a thal ag oedd angen.

2. Y Sarn
Roedd ffordd orymdeithio o dan do'n arwain o Deml y Dyffryn i'r pyramid. Fel arfer, roedd y waliau y tu mewn wedi'u haddurno. Roedd y golau'n dod o dyllau yn y to.

3. Teml y Corffdy

Roedd Teml y Corffdy wedi'i adeiladu yn erbyn ochr y pyramid. Dyma lle roedd offeiriaid yn aberthu i ysbryd y brenin bob dydd am byth.

4. Pyramid y frenhines

Byddai brenin yn adeiladu pyramid bychan i'w frenhines.

5. Y beddrod

Roedd y brenin a'i eiddo i gyd yn cael eu claddu mewn siambr o dan y pyramid.

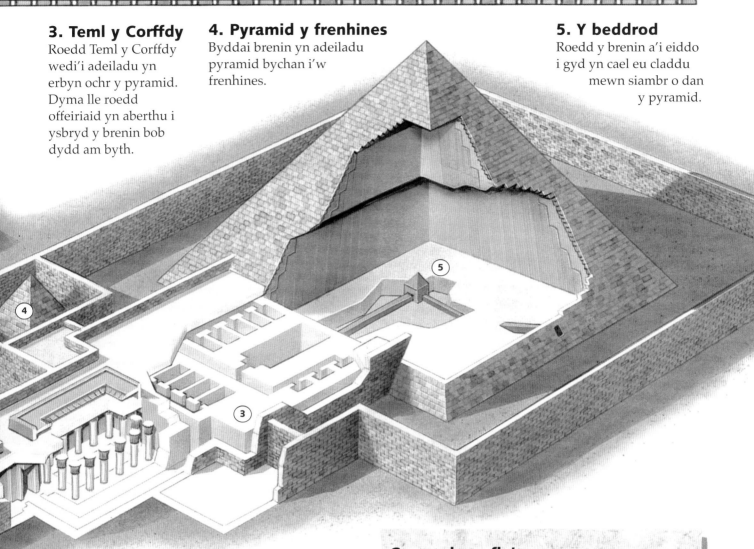

Mae olion mwy na 20 pyramid brenhinoedd yr Hen Deyrnas i'w gweld. Pyramidiau Llinach IV yw'r rhai gorau. Roedd rhai Llinach V a VI yn llai a heb fod cystal. Erbyn hynny, roedd newidiadau'n digwydd yn yr Aifft. Daeth yr uchelwyr a llywodraethwyr y taleithiau'n gyfoethog. Roedd trafferthion dramor yn torri ar draws y masnachu. Felly collodd y brenhinoedd eu cyfoeth a'u grym yn raddol.

Gwneud y safle'n wastad

Byddai wal yn cael ei hadeiladu o gwmpas safle'r pyramid. Wedyn roedd y cyfan yn cael ei orlifo â dŵr. Roedd ffosydd yn cael eu torri i'r graig a'u mesur. Roedd gwaelod pob ffos yn union yr un dyfnder o dan wyneb y dŵr. Wedyn byddai'r graig rhwng pob ffos yn cael ei thorri.

◄ Roedd seiri maen yn defnyddio rhodau i wneud yn siŵr fod bloc carreg wedi'i dorri'n gywir. Roedd y rhodau'n cael eu dal ar ongl sgwâr i'r garreg er mwyn tynnu'r llinyn yn dynn.

► Roedd cynion copr a gyrdd pren yn cael eu defnyddio ar flociau calchfaen. Roedd llinell blwm i wneud yn siŵr fod yr ochrau'n syth.

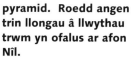

Offer gweithio

Roedd cynion o gopr (1) ac erbyn y Deyrnas Ganol, o efydd (2). Roedd clampiau (3) a gyrdd (4) o bren. Roedd angen pwywyr dolerit (5) i'r blociau gwenithfaen. Roedd angen cerrig llyfnhau (6) a llinellau plwm i orffennu'r gwaith.

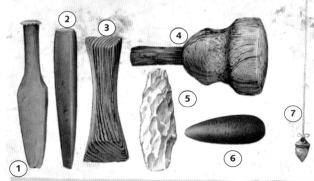

▼ Roedd y blociau'n aros yn y chwarel tan i'r llifogydd ddod, yna bydden nhw'n cael eu llwytho ar longau. Oherwydd y llifogydd, gallai'r llongau ddod yn agos i'r chwarel a'r pyramid. Roedd angen trin llongau â llwythau trwm yn ofalus ar afon Nîl.

Gwaith ar y gweill

Roedd y pyramidiau wedi'u hadeiladu'n bennaf o wenithfaen o chwarel gerllaw'r safle. Roedd y calchfaen wen ar gyfer y casin caboledig yn dod o Turah, chwarel ar y lan ddwyreiniol lle mae Cairo heddiw. Roedd rhai beddrodau'n cael eu leinio â darnau o wenithfaen llawer caletach. Roedd yn dod o Aswaan, yn uwch i fyny afon Nîl.

▼ Ar ôl llusgo'r blociau enfawr i fyny'r ramp, roedd rhaffau a lifrau'n cael eu defnyddio i'w gosod yn eu lle. Roedd goruchwyliwr yn sicrhau bod pob bloc yn ei le.

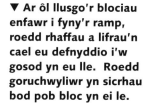

► Roedd maen capan siâp pyramid yn mynd ar ben y pyramid. Mae rhai haneswyr yn meddwl bod aur ar ben meini capan Gaza.

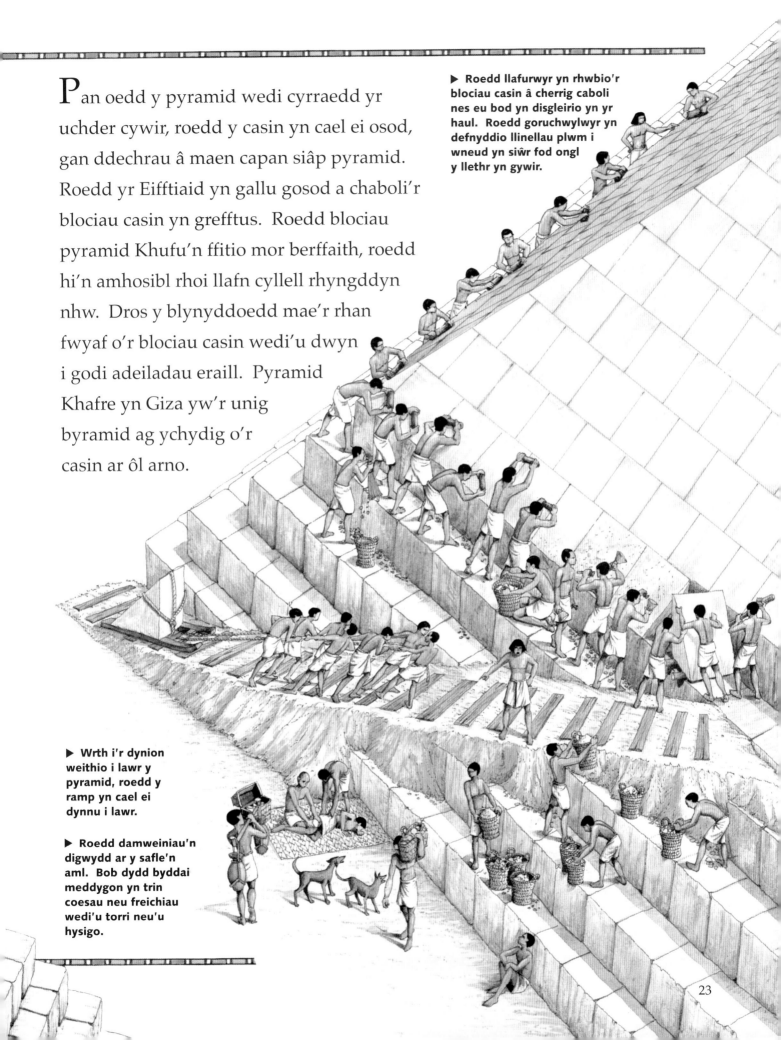

Pan oedd y pyramid wedi cyrraedd yr uchder cywir, roedd y casin yn cael ei osod, gan ddechrau â maen capan siâp pyramid. Roedd yr Eifftiaid yn gallu gosod a chaboli'r blociau casin yn grefftus. Roedd blociau pyramid Khufu'n ffitio mor berffaith, roedd hi'n amhosibl rhoi llafn cyllell rhyngddyn nhw. Dros y blynyddoedd mae'r rhan fwyaf o'r blociau casin wedi'u dwyn i godi adeiladau eraill. Pyramid Khafre yn Giza yw'r unig byramid ag ychydig o'r casin ar ôl arno.

▶ Roedd llafurwyr yn rhwbio'r blociau casin â cherrig caboli nes eu bod yn disgleirio yn yr haul. Roedd goruchwylwyr yn defnyddio llinellau plwm i wneud yn siŵr fod ongl y llethr yn gywir.

▶ Wrth i'r dynion weithio i lawr y pyramid, roedd y ramp yn cael ei dynnu i lawr.

▶ Roedd damweiniau'n digwydd ar y safle'n aml. Bob dydd byddai meddygon yn trin coesau neu freichiau wedi'u torri neu'u hysigo.

Addurno

Roedd y temlau a'r beddrodau eraill yn cael eu hadeiladu'r un pryd â'r pyramid. Roedd tu mewn y deml yn cael ei lenwi â thywod wrth i'r waliau godi, er mwyn llusgo blociau drosto. Pan fyddai'r waliau a'r to wedi'u gorffen, roedd rhaid symud y tywod. Byddai'r cerflunwyr a'r arlunwyr yn sefyll ar y tywod i wneud eu gwaith.

Testunau'r Pyramidiau
Unas oedd brenin olaf Llinach V. Ar waliau ei feddrod mae gweddïau a defodau o'r enw Testunau'r Pyramidiau. Diben y testunau yw helpu'r brenin i gyrraedd y Byd Nesaf a bod yn hapus yno.

Colofnau
Roedd colofnau cerrig yn cynnal toeon temlau a cholonadau. Byddai pen y colofnau'n cael eu cerfio i gynrychioli blagur lotws, papurfrwyn yn blodeuo, neu balmwydd datys.

24

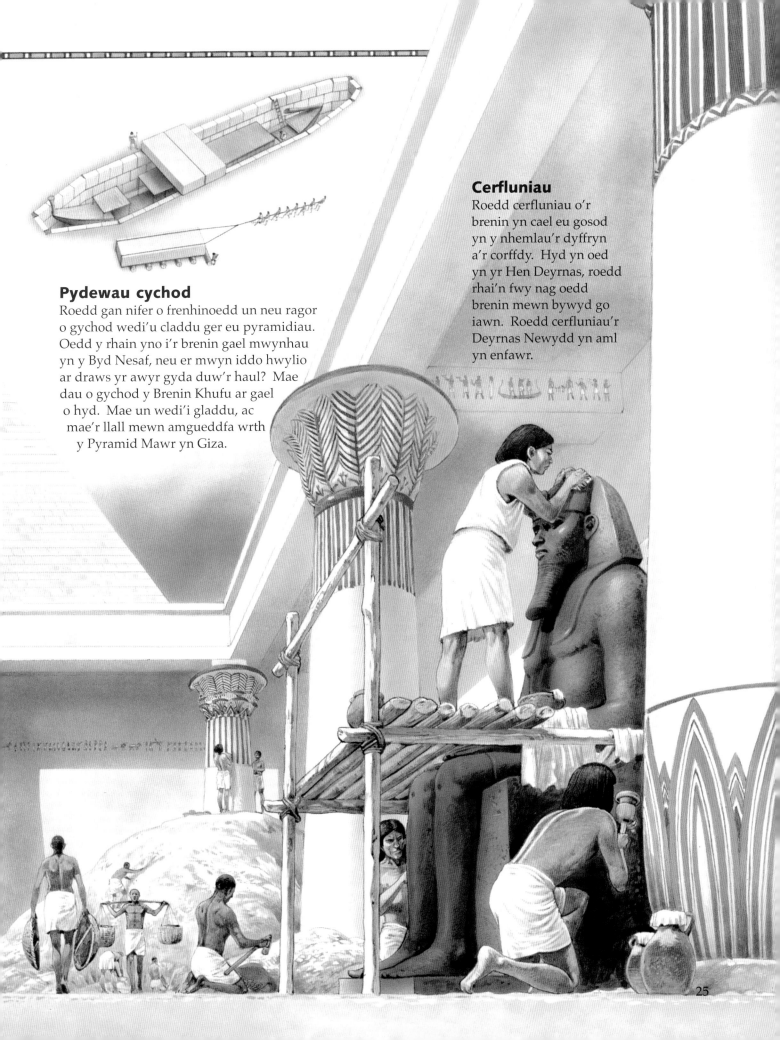

Pydewau cychod

Roedd gan nifer o frenhinoedd un neu ragor
o gychod wedi'u claddu ger eu pyramidiau.
Oedd y rhain yno i'r brenin gael mwynhau
yn y Byd Nesaf, neu er mwyn iddo hwylio
ar draws yr awyr gyda duw'r haul? Mae
dau o gychod y Brenin Khufu ar gael
o hyd. Mae un wedi'i gladdu, ac
mae'r llall mewn amgueddfa wrth
y Pyramid Mawr yn Giza.

Cerfluniau

Roedd cerfluniau o'r
brenin yn cael eu gosod
yn y nhemlau'r dyffryn
a'r corffdy. Hyd yn oed
yn yr Hen Deyrnas, roedd
rhai'n fwy nag oedd
brenin mewn bywyd go
iawn. Roedd cerfluniau'r
Deyrnas Newydd yn aml
yn enfawr.

Pyramidiau Giza

Cafodd y pyramidiau yn Giza eu hadeiladu gan Khufu, ei fab Khafre a'i ŵyr Menkawre. Pyramid Mawr Kufu yw'r mwyaf o'r tri. Mae'n 147 metr o uchder ac mae tua 2,300,000 bloc ynddo. Mae pyramid Khafre, sydd dri metr yn llai, yn edrych yn dalach nawr. Cafodd ei adeiladu ar dir ychydig yn uwch ac mae peth o'r casin gwreiddiol ar ei ben. Pyramid Menkawre yw'r lleiaf - dim ond 66 metr o uchder.

Y tu mewn i'r Pyramid Mawr

Mae sawl siambr ac oriel ym mhyramid Khufu, yn wahanol i byramidiau diweddarach. Efallai iddyn nhw newid y cynlluniau wrth adeiladu. Claddwyd Khufu yn y siambr uchaf.

Menkawre

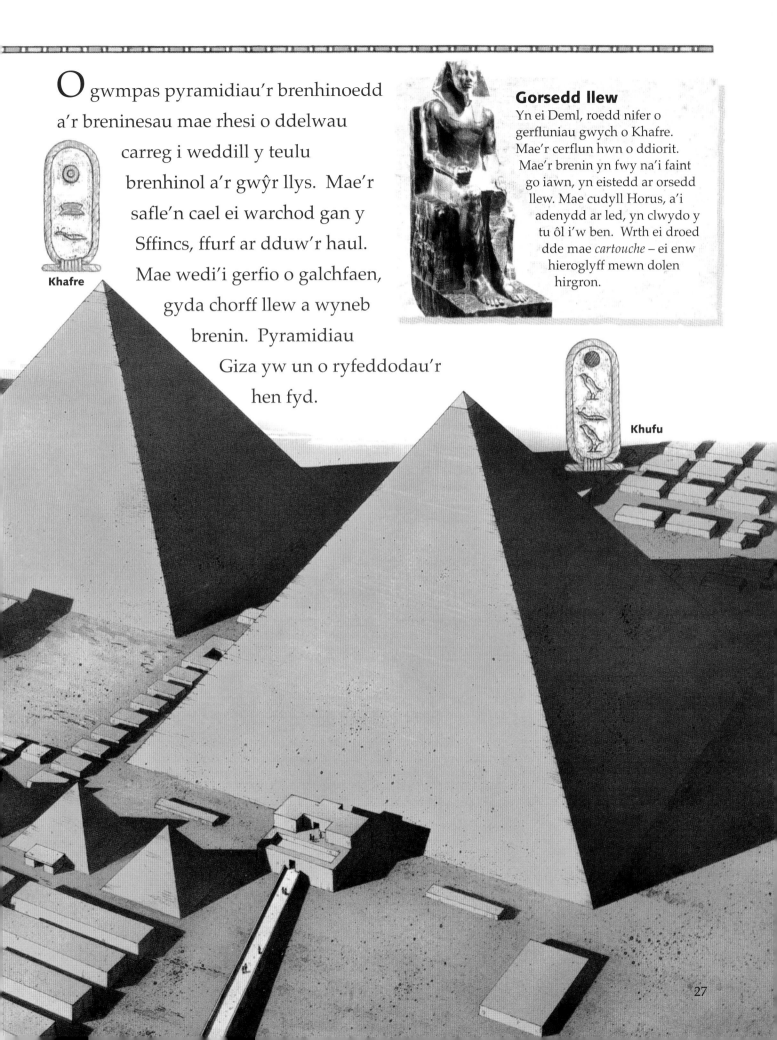

O gwmpas pyramidiau'r brenhinoedd a'r breninesau mae rhesi o ddelwau carreg i weddill y teulu brenhinol a'r gwŷr llys. Mae'r safle'n cael ei warchod gan y Sffincs, ffurf ar dduw'r haul. Mae wedi'i gerfio o galchfaen, gyda chorff llew a wyneb brenin. Pyramidiau Giza yw un o ryfeddodau'r hen fyd.

Khafre

Gorsedd llew

Yn ei Deml, roedd nifer o gerfluniau gwych o Khafre. Mae'r cerflun hwn o ddiorit. Mae'r brenin yn fwy na'i faint go iawn, yn eistedd ar orsedd llew. Mae cudyll Horus, a'i adenydd ar led, yn clwydo y tu ôl i'w ben. Wrth ei droed dde mae *cartouche* – ei enw hieroglyff mewn dolen hirgron.

Khufu

Mae corff y brenin yn cael ei gymryd o'i balas yn Memphis, ar draws afon Nîl i adeiladau'r pyramid. Bydd ei gorff yn cael ei roi mewn ciosg dros dro ar do Teml y Dyffryn.

Mae'r llong sy'n cario corff y brenin yn cael ei thynnu. Mae rhwyfwyr yn y llongau eraill. Mae gwarchodwyr y brenin ar ben blaen un o'r llongau. Maen nhw'n cario'r baneri brenhinol.

Mae offeiriaid ac offeiriadesau'n gweddïo dros y brenin wrth i'r teulu a'r gwŷr llys alaru. Mae cychod eraill yn cario'r pethau sydd eu hangen i'w bêr-eneinio. Bydd y dodrefn a'r trysorau i'w feddrod yn dod yn yr orymdaith angladdol.

ANGLADD BRENHINOL

Mae'r brenin wedi marw. Mae ei bobl yn ofni. Maen nhw'n meddwl bod drygioni'n ennill y frwydr yn erbyn daioni. Bydd ei fab yn dod yn frenin yfory – a bydd dechrau newydd wrth i ddiwrnod newydd wawrio. Bydd hyn yn adfer y cydbwysedd rhwng da a drwg, rhywbeth pwysig iawn i'r Eifftiaid. Nawr mae angen help ei bobl ar y brenin. Rhaid cadw ei gorff a gofalu am ei ysbryd dwyfol. Wrth weddïo a chynnal defodau, bydd y brenin yn symud yn ddiogel i'r Byd Nesaf a thragwyddoldeb.

Ramp i'r nefoedd

Roedd yr Eifftiaid yn hoff o roi ystyr pwysig a hudolus i bethau. Credent mai ramp i'r nefoedd oedd pyramid. Roedd hefyd yn symbol o fryn ar y tir cyntaf. Ar y dechrau, roedd y byd wedi ei orchuddio gan ddŵr, cyn i fryn ymddangos. Yna safodd duw'r haul ar y bryn a chreu'r byd. Mae pyramid hefyd yn *benben* – y garreg sanctaidd i Re, a syrthiodd o'r nefoedd. Roedd rhain felly'n fannau gwych i'r ysbryd gael ei aileni i'r Byd Nesaf.

▲ Roedd seremoni Agor y Geg yn rhoi bywyd yn ôl i'r mymi. Felly byddai'r person marw'n gallu siarad a symud yn y Byd Nesaf.

29

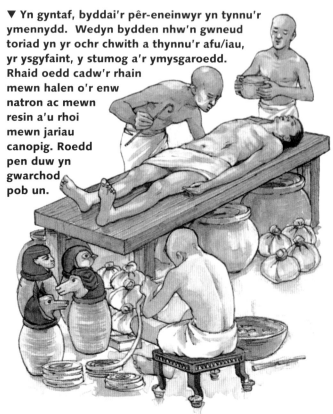

▼ Yn gyntaf, byddai'r pêr-eneinwyr yn tynnu'r ymennydd. Wedyn bydden nhw'n gwneud toriad yn yr ochr chwith a thynnu'r afu/iau, yr ysgyfaint, y stumog a'r ymysgaroedd. Rhaid oedd cadw'r rhain mewn halen o'r enw natron ac mewn resin a'u rhoi mewn jariau canopig. Roedd pen duw yn gwarchod pob un.

Mymis

Roedd yr hen Eifftiaid yn credu bod rhaid i'w cyrff bara os oedden nhw eisiau mwynhau'r Byd Nesaf yn iawn. Pan gafodd y pyramidiau eu hadeiladu, roedden nhw'n dal i geisio dod o hyd i'r ffordd orau o gadw cyrff marw. Pêr-eneinio yw'r enw ar y broses hon.

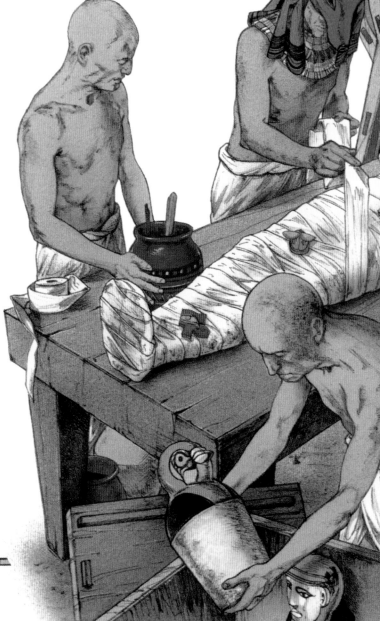

▼ Yna, byddai'r corff yn cael ei roi mewn baddon pêr-eneinio a'i orchuddio â natron am 40 niwrnod. Roedd hyn yn sychu'r hylif ohono. Yna roedd rhaid golchi'r corff, a'i rwbio ag olew a sbeisys persawrus.

Wedyn roedd y corff yn cael ei stwffio â rhesin a natron, a'i lapio mewn llin. Byddai'r wyneb yn cael ei beintio i edrych yn naturiol, a'r gwallt yn cael ei gribo.

Erbyn y Deyrnas Newydd, roedd y pêr-eneinwyr yn fedrus iawn. Roedd hi'n cymryd 70 niwrnod i baratoi corff. Dim ond brenhinoedd ac uchelwyr allai fforddio'r driniaeth lawn sy'n cael ei dangos yma. Roedd rhaid i eraill fodloni ar broses symlach. Er i ladron ddwyn llawer o bethau o'r pyramidiau, mae sawl mymi i'w gweld o hyd.

Swynoglau

Roedd swynoglau wedi'u gosod rhwng rhwymynnau'r mymi'n symbolau o bŵer, amddiffyn ac aileni. Roedden nhw i fod i helpu'r person ar eu taith i'r Byd Nesaf.

◀ Byddai'r corff yn cael ei lapio mewn rhwymynnau llin wedi'u mwydo mewn resin, er mwyn cadw'u siâp. Rhaid oedd lapio'r bysedd, bysedd y traed, y coesau a'r breichiau – ar wahân yn gyntaf, ac yna wrth ei gilydd. Ar y diwedd, byddai'r corff yn cael ei roi mewn arch bren.

▶ Byddai offeiriaid yn gweddïo i helpu'r person marw ar ei ffordd drwy'r Byd Nesaf. Yma mae'r prif bêr-eneinwyr, wedi'i wisgo fel Anubis, duw pêr-eneinio, yn bendithio'r mymi gorffenedig.

Cwlt yr angladd

Mae'r angladd ar ben. Mae'r brenin wedi mynd at y duwiau, ond nid dyna ddiwedd y stori. Mae arian wedi cael ei neilltuo i dalu am offeiriaid i offrymu i enaid y brenin am byth. Felly bydd yn ddiogel yn y Byd Nesaf. Roedd y cyltiau hyn yn aml yn para sawl blwyddyn, ond daethon nhw i ben yn y pen draw – fel arfer yn ystod un o'r cyfnodau o newid a ddigwyddodd rhwng y gwahanol Deyrnasoedd.

jar wedi'i haddurno

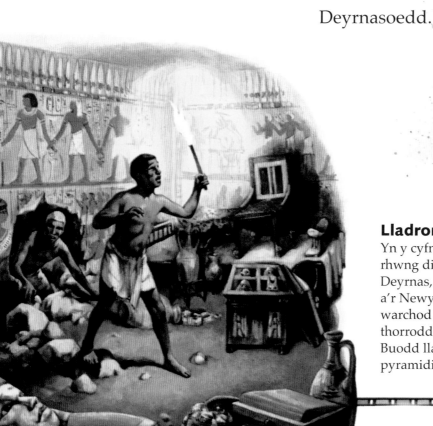

Lladron

Yn y cyfnodau cythryblus rhwng diwedd yr Hen Deyrnas, y Deyrnas Ganol a'r Newydd, doedd neb i warchod y beddrodau a thorrodd lladron i mewn. Buodd lladrata o'r pyramidiau i gyd.

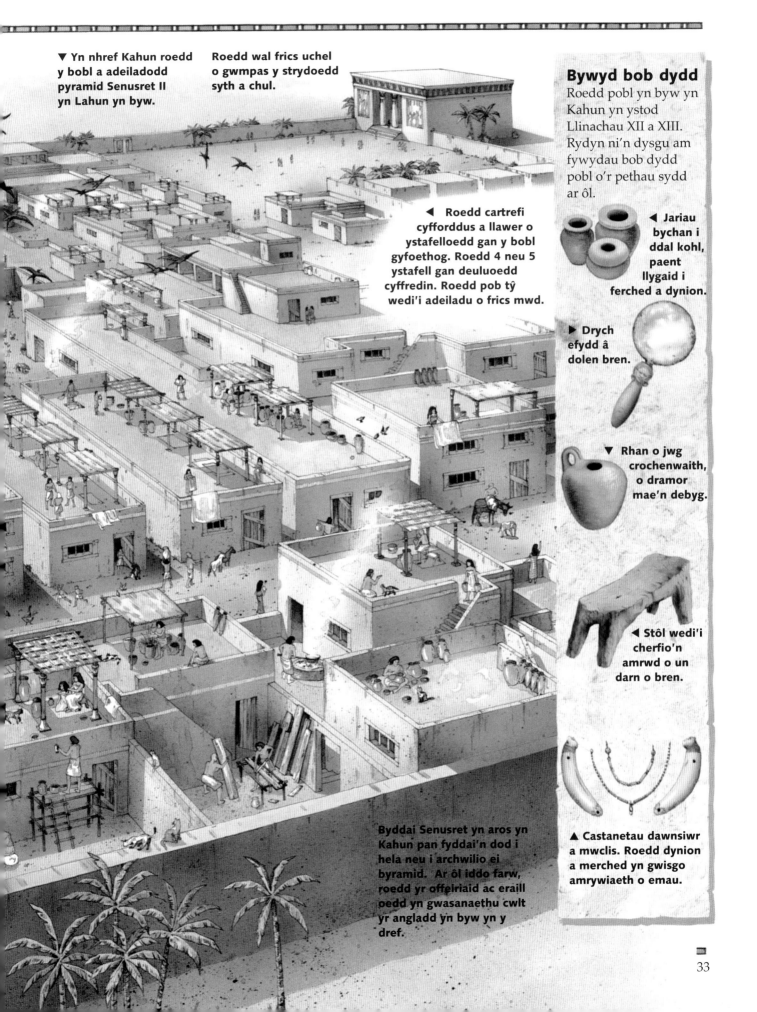

▼ Yn nhref Kahun roedd y bobl a adeiladodd pyramid Senusret II yn Lahun yn byw.

Roedd wal frics uchel o gwmpas y strydoedd syth a chul.

◄ Roedd cartrefi cyfforddus a llawer o ystafelloedd gan y bobl gyfoethog. Roedd 4 neu 5 ystafell gan deuluoedd cyffredin. Roedd pob tŷ wedi'i adeiladu o frics mwd.

Byddai Senusret yn aros yn Kahun pan fyddai'n dod i hela neu i archwilio ei byramid. Ar ôl iddo farw, roedd yr offeiriad ac eraill oedd yn gwasanaethu cwlt yr angladd yn byw yn y dref.

Bywyd bob dydd

Roedd pobl yn byw yn Kahun yn ystod Llinachau XII a XIII. Rydyn ni'n dysgu am fywydau bob dydd pobl o'r pethau sydd ar ôl.

◄ Jariau bychan i ddal kohl, paent llygaid i ferched a dynion.

► Drych efydd â dolen bren.

▼ Rhan o jwg crochenwaith, o dramor mae'n debyg.

◄ Stôl wedi'i cherfio'n amrwd o un darn o bren.

▲ Castanetau dawnsiwr a mwclis. Roedd dynion a merched yn gwisgo amrywiaeth o emau.

33

Y Byd Nesaf

Roedd yr Eifftiaid yn credu y bydden nhw'n byw yn Nheyrnas Osiris ar ôl marw. Yno, bydden nhw'n nes at y duwiau, yn byw gwell bywyd a byddai rhagor o bwerau ganddyn nhw. Roedd brenin, oedd yn cynrychioli Horus ar y ddaear, yn uno ag Osiris, tad Horus, ar ôl marw. Gan mai duw oedd e, roedd sawl dewis arall gan y brenin hefyd.

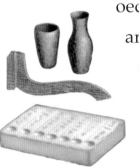

▲ Peth o'r offer ar gyfer seremoni Agor y Geg.

Cwch duw'r haul

Liw dydd, gallai brenhinoedd marw hwylio ar draws yr awyr gyda Re. Liw nos roedden nhw'n mynd gydag e i'r Isfyd, gan ddod â golau i Deyrnas Osiris. Oherwydd bod pawb yn yr Aifft yn teithio mewn cychod, roedden nhw'n meddwl bod yr haul yn defnyddio un hefyd.

Ba a ka

Roedd yr hen Eifftiaid yn credu bod sawl enaid ganddyn nhw. Roedd *ka*, grym bywyd, yn aros yn y beddrod ac yn cael nerth o'r bwyd. Mae lluniau o'r *ka* yn aml yn dangos pâr o freichiau'n codi. Roedd y *ba*, y bersonoliaeth, yn gallu mynd lle mynnai ar unrhyw ffurf. Ond mae darluniau'n aml yn dangos aderyn â phen person. Roedd y *ba*'n cynrychioli'r ysbryd oedd yn wynebu barn yr Isfyd. Roedd yr *akh* yn ysbryd disglair a allai symud gyda'r duwiau a'r Sêr Diddarfod. Mewn darluniau, ibis cribog oedd e.

▲ Roedd Llyfr y Meirw'n helpu dyn marw ar ei daith i'r Byd Nesaf. Mae'r darlun hwn o lyfr Ani.

Offrymu bwyd

Roedd yr Eifftiaid yn disgwyl i'w disgynyddion offrymu bwyd, o flaen drws ffug yn wal Teml y Corffdy. Roedd offrwm o fwyd bob dydd i frenhinoedd marw, ond dim ond adeg gwyliau arbennig i'r rhan fwyaf o bobl. Ond os oedd yr offrymu'n dod i ben, byddai'r meirw'n dal i gael beth roedd ei angen arnyn nhw yn y Byd Nesaf o'r gweddïau a'r golygfeydd ar y beddrod a waliau'r deml.

Sêr y gogledd

Gallai brenhinoedd marw deithio i'r sêr, naill ai i'r rhai o gwmpas Pegwn y Gogledd, neu'r sêr ry'n ni'n eu galw'n Orion. Roedden nhw'n credu mai dyma lle roedd enaid Osiris yn byw.

▲ Mae dyn marw a'i wraig yn dod i neuadd y farn. Mae'r achos yn digwydd o flaen y duw Osiris.

▲ Mae Anubis yn pwyso calon y person marw yn erbyn pluen gwirionedd. Mae bywyd da'n golygu calon mor ysgafn â phluen.

▲ Mae Thoth, duw dysgu, yn ysgrifennydd i'r duwiau. Mae'n ysgrifennu dyfarniad y llys wrth iddo roi barn.

▲ Mae calon pechadur yn drymach na'r bluen ac mae anghenfil yn ei bwyta. Mae pobl dda'n cael bywyd tragwyddol.

Roedd y dduwies Meretseger yn byw ar y copa siâp pyramid uwchben Dyffryn y Brenhinoedd. Roedd hi'n gwarchod yr ardal. Roedd Medjay, heddlu arbennig, yn gwylio'r ardal o hyd.

BEDDRODAU'R DEYRNAS NEWYDD

Dyma angladd brenhinol ar ei ffordd i Ddyffryn y Brenhinoedd. Yn ystod y Deyrnas Newydd roedd yr Aifft yn gyfoethog iawn. Byddai llawer iawn o drysorau'n cael eu claddu gyda'r brenhinoedd.

Dechreuodd temlau corffdy gael eu codi ar ochr draw'r clogwyni yn lle gerllaw'r beddrodau. Byddai'r offrymau'n cael eu gwneud yno bob dydd.

Tan ganol y Deyrnas Newydd, byddai'r brenhinoedd yn cael eu claddu mewn pyramidiau o bob maint ac ansawdd. Bu lladron yn dwyn o bob un. Dyluniodd Ineni, prif bensaer y Brenin Tuthmosis I, feddrod newydd. Roedd y brifddinas yn Thebes bryd hynny. Dewiswyd claddu'r brenin yno, ar lan orllewinol afon Nîl, mewn beddrod wedi'i dorri i mewn i glogwyni dyffryn yn y diffeithwch. Pam dewisodd Ineni'r dyffryn hwnnw? Ai oherwydd bod y mynydd uwchben y dyffryn yn edrych fel pyramid?

Y tu fewn i feddrod

Mae'r beddrodau yn Nyffryn y Brenhinoedd ychydig yn wahanol. Roedd y fynedfa (1) wedi'i chau am byth. Roedd ffynnon (2) yn rhwystr i ladron a hefyd yn draenio dŵr os byddai stormydd. Roedd cynteddau a siambrau ystlysol (3) ym mhob beddrod, yn ogystal â'r siambr gladdu (4). Roedd darluniau ar y waliau'n dangos llwybr yr haul drwy'r Isfyd. Bob dydd, roedd y brenin yn cael ei aileni gyda'r haul.

37

Pyramidiau i'r bobl

Ar yr union adeg pan roddodd y brenhinoedd y gorau i adeiladu pyramidiau, dechreuodd rhai o'u pobl eu hadeiladu nhw. Cafodd llawer o uchelwyr y Deyrnas Newydd eu claddu mewn beddrodau cyffredin yn y graig ar y lan orllewinol yn Thebes. Ond hefyd roedd pyramidiau bach gan rai uchelwyr a gafodd eu claddu yn Sakkara yn y gogledd.

Beddrod Sennedjem

Goruchwyliwr oedd Sennedjem. Roedd yn byw yn Deir el Medina. Mae lluniau o'i feddrod yn ei ddangos yn croesi afon angau. Wedyn mae ef a'i wraig yn mwynhau bywyd tragwyddol mewn gwlad debyg i'r Aifft, ond heb drafferthion. Mae'r cnydau'n tyfu'n wych fel nad oes newyn byth, ac mae'r gerddi cysgodol yn hyfryd.

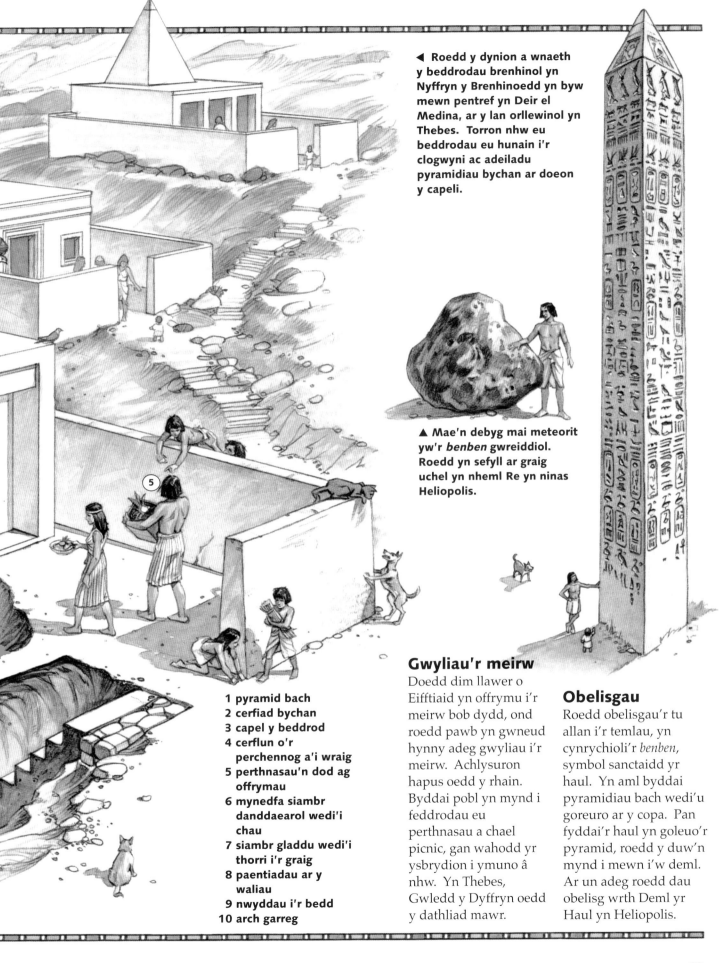

◄ Roedd y dynion a wnaeth y beddrodau brenhinol yn Nyffryn y Brenhinoedd yn byw mewn pentref yn Deir el Medina, ar y lan orllewinol yn Thebes. Torron nhw eu beddrodau eu hunain i'r clogwyni ac adeiladu pyramidiau bychan ar doeon y capeli.

▲ Mae'n debyg mai meteorit yw'r *benben* gwreiddiol. Roedd yn sefyll ar graig uchel yn nheml Re yn ninas Heliopolis.

1 pyramid bach
2 cerfiad bychan
3 capel y beddrod
4 cerflun o'r perchennog a'i wraig
5 perthnasau'n dod ag offrymau
6 mynedfa siambr danddaearol wedi'i chau
7 siambr gladdu wedi'i thorri i'r graig
8 paentiadau ar y waliau
9 nwyddau i'r bedd
10 arch garreg

Gwyliau'r meirw

Doedd dim llawer o Eifftiaid yn offrymu i'r meirw bob dydd, ond roedd pawb yn gwneud hynny adeg gwyliau i'r meirw. Achlysuron hapus oedd y rhain. Byddai pobl yn mynd i feddrodau eu perthnasau a chael picnic, gan wahodd yr ysbrydion i ymuno â nhw. Yn Thebes, Gwledd y Dyffryn oedd y dathliad mawr.

Obelisgau

Roedd obelisgau'r tu allan i'r temlau, yn cynrychioli'r *benben*, symbol sanctaidd yr haul. Yn aml byddai pyramidiau bach wedi'u goreuro ar y copa. Pan fyddai'r haul yn goleuo'r pyramid, roedd y duw'n mynd i mewn i'w deml. Ar un adeg roedd dau obelisg wrth Deml yr Haul yn Heliopolis.

Cliwiau i'r gorffennol

Byddai dodrefn a nwyddau eraill ar gyfer y Byd Nesaf yn cael eu claddu gyda'r brenhinoedd a'r bobl gyffredin. Mae hinsawdd sych yr Aifft wedi'u cadw nhw. Rydym wedi cael gwybodaeth am sut roedd pobl yn byw o'r ychydig feddrodau lle na fuodd lladrata. Un o'r beddrodau cyfoethocaf yw un Tutankhamun.

▶ Roedd y wyntyll hon dros fetr o hyd ac roedd plu estrys wrtho.

▼ Roedd pedair creirfa aur yn ffitio'r naill yn y llall. Roedden nhw'n llenwi'r siambr gladdu.

▼ Roedd masg portread aur yn gorchuddio wyneb y brenin.

Beddrod Tutankhamun

1 mynedfa, wedi'i chau am byth
2 rhagsiambr, yn llawn eiddo'r brenin
3 Y Fonesig Evelyn Herbert, merch Arglwydd Caernarfon
4 cerfluniau o'r brenin
5 siambr gladdu
6 Howard Carter ac Arglwydd Caernarfon a gloddiodd y beddrod
7 trysorfa
8 creirfa aur, yn cynnwys coffr canopig y brenin
9 Anubis, y duw siacal, yn gwarchod.

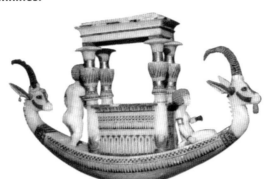

◀ Mae'r gerfwedd hon o orsedd y brenin wedi'i gorchuddio ag aur, arian a cherrig gwerthfawr. Mae'n dangos y brenin a'r frenhines.

▼ Roedd y beddrod yn cynnwys llawer o bethau hardd o alabastr. Mae'r cerfiad hwn yn dangos y llong angladdol frenhinol.

Carreg Rosetta

Roedd Carreg Rosetta'n allwedd i ddeall ysgrifen darluniau'r Aifft, gan fod hieroglyffau a Groeg arni. Felly mae haneswyr wedi gallu dysgu manylion am grefydd, cyfreithiau a bywyd bob dydd yr hen Eifftiaid a fyddai wedi mynd ar goll fel arall.

◀ Roedd y ddwy arch allanol o bren, wedi'u goreuro, a cherrig lledwerthfawr wedi'u gosod ynddyn nhw. Roedd y drydedd arch, yr un fewnol, o aur pur.

Tutankhamun

Ar ôl dau ladrad wedi claddu Tutankhamun, doedd neb wedi cyffwrdd â'r beddrod tan iddo gael ei ddarganfod yn 1922. Dim ond tua ugain oed oedd e pan fu farw. Doedd ei feddrod ddim yn barod, felly cafodd ei drysorau eu gwasgu i feddrod llawer llai. Efallai mai beddrod un o ŵyr y llys oedd hwn i fod.

◀ Roedd y drysorfa'n cynnwys nifer o gychod model i'r brenin eu defnyddio yn y Byd Nesaf.

Hieroglyffau

Roedd yr Eifftiaid yn ysgrifennu mewn darluniau. Weithiau mae arwyddion yn cynrychioli un llythyren; mae eraill yn werth sawl llythyren, neu air cyfan. Doedd llafariaid ddim yn cael eu hysgrifennu, ond roedd pobl yn eu dweud nhw. Mae'n cymryd amser i ysgrifennu pob hieroglyff, felly dyfeisiodd yr Eifftiaid ffurf fer, hieratig, ac yna ffurf fyrrach eto, sef demotig.

PYRAMIDIAU GWLEDYDD AMERICA

Ochr draw'r byd o'r Aifft, ar gyfandiroedd America, dechreuodd pobloedd eraill godi pyramidiau a thwmpathau, yn hollol annibynnol. Dechreuodd y cyfan yng Nghanolbarth America ac yng ngogledd orllewin De America. Cyn hir, lledodd i Ogledd America hefyd.

	Hopewell			Mississippiaid		
		Maia				
	Sapoteciaid			Tolteciaid	Asteciaid	
	Nasca	Moche		Chimú	Incas	

Dyma Etowah ar lan afon Mississippi tua 1200 OC. Byddai ffermwyr, helwyr a physgotwyr yn gwerthu eu nwyddau o'r Llynnoedd Mawr i Gwlff México. Bydden nhw'n defnyddio offer ac arfau o gopr a charreg. Roedd temlau ar dwmpathau mawr o bridd. Ar dwmpathau eraill, roedd plasau lle roedd llywodraethwyr y dref yn byw. Bydden nhw'n gwisgo cregyn, perlau a gemwaith mica. Roedd ffens bren yn amddiffyn y dref i gyd.

Y Maia

 Roedd Canolbarth America'n gartref i lawer o bobloedd fel yr Olmeciaid, Maia, Tolteciaid, Sapoteciaid a'r Asteciaid. Roedd y Maia, fel eu cymdogion, yn adeiladu pyramidiau grisiau. Roedd grisiau gyda cherfluniau ac arysgrifau'n arwain i'r temlau ar ben y pyramidiau. Dwy o'r enghreifftiau gorau yw Teml yr Arysgrifau yn Palenque a'r Grisiau Hieroglyff yn Copán. Weithiau, byddai brenhinoedd yn cael eu claddu mewn pyramid.

El Mirador

El Mirador oedd un o ddinasoedd cynharaf y Maia, o tua 150 CC i 150 OC. Roedd yno nifer o byramidiau grisiau â chysegrfa ar eu pennau. Roedden nhw wedi'u hadeiladu o galchfaen lleol, wedi'u plastro a'u paentio'n goch. Roedd coch yn bwysig i grefydd y Maia. Bydden nhw'n aberthu eu gwaed eu hunain drwy bigo'u cyrff â drain. Weithiau bydden nhw'n aberthu carcharorion hefyd.

Roedd y Maia'n fathemategwyr ac astrolegyddion. Roedd system gymhleth ganddyn nhw i fesur amser. Roedd ganddyn nhw flwyddyn o 365 diwrnod.

▼ **Mae archeolegwyr wedi dod o hyd i furluniau ar rai safleoedd Maia. Maen nhw'n dangos golygfeydd dramatig mewn lliwiau llachar. Mae'r ffigurau hyn yn dod o Bonampak.**

Y pyramid cymdeithasol

Y duw-frenin (ar y chwith) oedd ar ben pyramid cymdeithasol y Maia. Yn yr ail reng roedd yr uchelwyr a'r rhyfelwyr (canol) a'r offeiriaid (ar y dde). Wedyn roedd y crefftwyr a'r masnachwyr. Roedd y gwerinwyr a'r llafurwyr ar y gwaelod.

Crefftau

Roedd y Maia'n seiri maen arbennig ac roedd jêd yn garreg arbennig o werthfawr iddyn nhw. Tua diwedd eu hanes y buon nhw'n defnyddio metel, i wneud gemwaith yn unig, nid arfau. Mae'r crefftwr hwn yn cerfio maen coffa â glyffiau. Roedd y meini'n coffáu a dathlu achlysuron arbennig.

Ysgrifennu

Dyfeisiodd y Maia system ysgrifennu â darluniau. Dim ond yn ddiweddar mae'r hieroglyffau hyn wedi'u datgodio.

Roedd y Maia'n ysgrifennu llyfrau ar bapur rhisgl ffigys neu groen anifeiliaid. Dim ond pedwar llyfr sydd ar gael heddiw. Llosgodd y Sbaenwyr y gweddill. Goresgynon nhw'r ardal ar ddechrau'r 1500au.

dau ddyddiad Maia

| 1 Oc | 3 Cumku | esgyn | cipio |

Chichén Itzá

Roedd dinasoedd mawr cyntaf y Maia yn y tir isel yn y de. Pan gwympodd y Cyfnod Clasurol yn 900 OC, symudodd y grym i'r gogledd, i ddinasoedd fel Chichén Itzá. Ar ôl rhyfel, daeth hon yn brifddinas gwladwriaeth rymus â chysylltiadau masnachu eang. Yn Chichén Itzá, mae arddull pensaernïaeth glasurol y Maia'n cyfuno ag arddull y Tolteciaid, a oedd yn byw yn yr ucheldir. Ar ôl cwymp Chichén Itzá, symudodd y grym i ddinas Mayapán.

▼ Cafodd y Castillo, prif byramid Chichén Itzá, ei adeiladu ar ben un arall. Adeiladwyd y pyramid presennol ychydig cyn 1100 OC. Roedd yr un arall wedi'i adeiladu 100 mlynedd cyn hynny. Yng nghanol y pyramid gwreiddiol roedd cerflun carreg mawr o jagwar, wedi'i beintio'n goch a darnau o jêd yn smotiau.

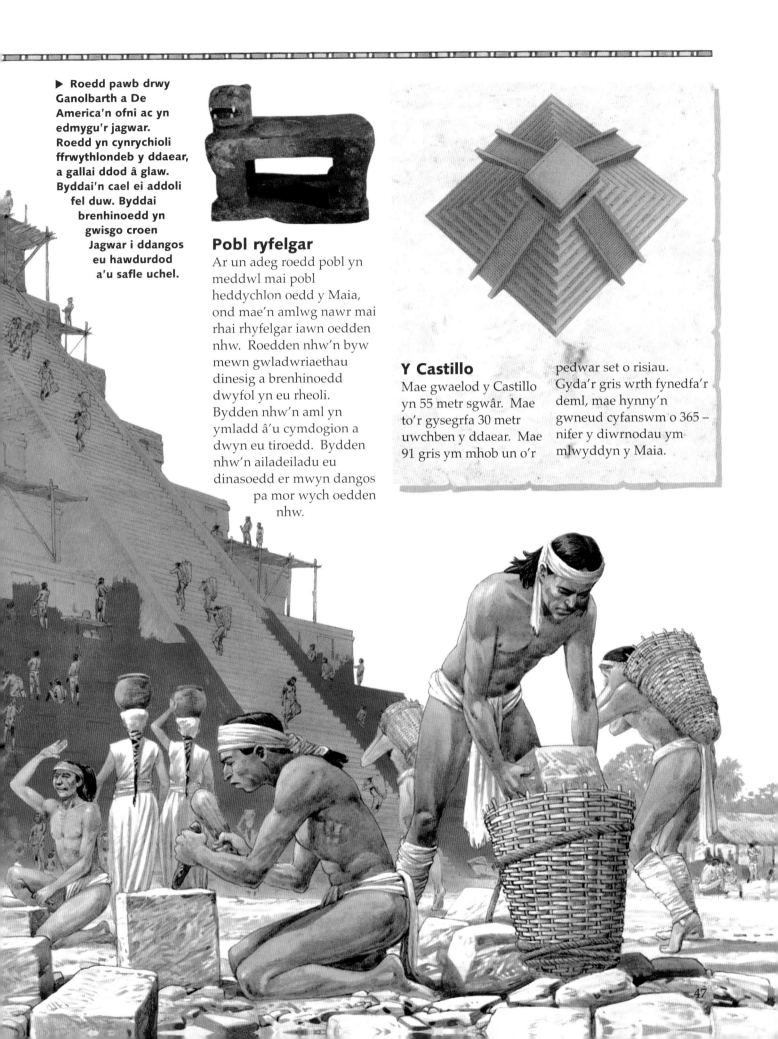

▶ Roedd pawb drwy Ganolbarth a De America'n ofni ac yn edmygu'r jagwar. Roedd yn cynrychioli ffrwythlondeb y ddaear, a gallai ddod â glaw. Byddai'n cael ei addoli fel duw. Byddai brenhinoedd yn gwisgo croen Jagwar i ddangos eu hawdurdod a'u safle uchel.

Pobl ryfelgar

Ar un adeg roedd pobl yn meddwl mai pobl heddychlon oedd y Maia, ond mae'n amlwg nawr mai rhai rhyfelgar iawn oedden nhw. Roedden nhw'n byw mewn gwladwriaethau dinesig a brenhinoedd dwyfol yn eu rheoli. Bydden nhw'n aml yn ymladd â'u cymdogion a dwyn eu tiroedd. Bydden nhw'n ailadeiladu eu dinasoedd er mwyn dangos pa mor wych oedden nhw.

Y Castillo

Mae gwaelod y Castillo yn 55 metr sgwâr. Mae to'r gysegrfa 30 metr uwchben y ddaear. Mae 91 gris ym mhob un o'r pedwar set o risiau. Gyda'r gris wrth fynedfa'r deml, mae hynny'n gwneud cyfanswm o 365 – nifer y diwrnodau ym mlwyddyn y Maia.

Y ddinas arnawf

Tua 1200 OC daeth llwyth o helwyr a ffermwyr i Ddyffryn México i edrych am le i ymgartrefu. Gwelson nhw eryr yn clwydo ar gactws ar ynys gorsog yn Llyn Texoxo. Gan gredu bod hyn yn arwydd da, dyma nhw'n dewis yr ynys i fod yn safle i'w prifddinas, Tenochtitlán. Daeth yr Asteciaid yn gyfoethog a phwerus wrth fod yn rhyfelwyr medrus.

1 Y Deml Byramid Fawr
Yn y Deml Byramid Fawr roedden nhw'n aberthu i'r duwiau.

3 Y rhan ganol
Roedd y ddinas wedi'i rhannu'n bedair rhan. Roedd ardal Teopan yn cynnwys y Palas Brenhinol a'r Deml Fawr.

2 Camlesi
Roedd camlesi'n cysylltu gwahanol rannau o'r ddinas â'i gilydd. Roedd yr Asteciaid yn eu defnyddio fel ffyrdd, gan deithio yn eu cychod bychan, gwaelod fflat. Roedd palmentydd i bobl gerdded bob ochr i'r camlesi.

4 Sarnau
Roedd sarnau'n cysylltu Tenochtitlán â'r tir mawr. Roedden nhw'n ddigon llydan i dri cheffyl farchogaeth ochr yn ochr.

5 Maestrefi

Dechreuodd yr Asteciaid ymsefydlu ar ynysoedd eraill hefyd.

6 Traphont ddŵr

Roedd dŵr ffres yn dod o'r tir mawr mewn traphont ddŵr wedi'i gorchuddio.

(6)

7 *Chinampas*

Wrth i boblogaeth y ddinas gynyddu, gwnaeth yr Asteciaid ragor o le iddyn nhw'u hunain drwy wneud gerddi arnawf o'r enw chinampas.

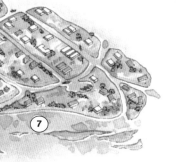

(7)

Ffermio'r tir

Prif gnwd holl bobl Canolbarth America oedd India Corn. Roedd yn cyfateb i wenith, haidd neu reis. Roedd yr Asteciaid hefyd yn tyfu llawer o ffrwythau a llysiau ar y *chinampas* ffrwythlon. Bydden nhw'n diolch i'r duwiau a'r duwiesau am eu cnydau mewn gwyliau cynhaeaf. Bydden nhw'n cadw twrcïod a chŵn bach di-flew i gael cig, ac yn hela ceirw, cwningod a moch gwyllt. Roedd y llyn yn rhoi pysgod ac adar dŵr iddyn nhw.

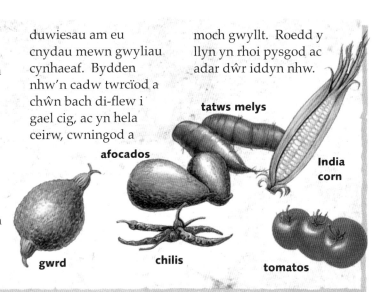

tatws melys

afocados

India corn

gwrd

chilis

tomatos

▶ Roedd pob dyn yn helpu i wneud *chinampas* newydd i'w deulu.

◀ Byddai bwndeli o hesg yn cael eu gwehyddu i greu llwyfan arnawf. Wedyn byddai pyst yn cael eu bwrw i mewn o gwmpas yr ymyl.

▼ Bydden nhw'n codi mwd du cyfoethog o waelod y llyn, yn ei wasgaru ar ben y llwyfan hesg a'i adael i galedu. Roedd y *chinampas* yn ffrwythlon iawn, ond roedd tipyn o waith gofalu amdanyn nhw.

▶ Roedd gwreiddiau coed wedi'u plannu o gwmpas yr ymyl yn help i angori'r pridd a'i atal rhag cwympo'n ôl i mewn i'r llyn.

Daeth Tenochtitlán yn ddinas brysur gyda thua 300,000 o drigolion. Roedd yn llawer mwy nag unrhyw dref arall yn y byd ar y pryd. Yn 1520 roedd y Sbaenwyr yn synnu gweld pa mor hardd a glân oedd Tenochtitlán.

Y Deml Byramid Fawr

Roedd yr Asteciaid yn credu bod rhaid i dduw'r haul gael gwaed o galonnau pobl i roi nerth iddo. Heb waed, byddai'r haul yn marw a'r byd yn dod i ben. Felly roedd rhaid aberthu pobl. Y Deml Byramid Fawr oedd prif adeilad crefyddol Tenochtitlán.

Roedd yr Asteciaid yn bobl ryfelgar. Roedd pob bachgen yn cael ei hyfforddi i fod yn rhyfelwr, a charcharorion yn cael eu haberthu. Byddai'r rhyfelwr oedd yn cipio'r nifer fwyaf o garcharorion yn dod yn gyfoethog a phwerus. Roedd y rhai oedd yn methu cipio carcharorion yn dioddef cywilydd. Roedd rhaid i'r rhai a oedd wedi'u goresgyn dalu gwrogaeth i ymerawdwr yr Asteciaid. Ar ôl bod yn rhyfela, byddai milwyr fel arfer yn gweithio fel ffermwyr, crefftwyr neu fasnachwyr.

tarian blu

Saith teml

Roedd y pyramid grisiau mawr yng nghanol rhan sanctaidd o Tenochtitlán. Ar ei ben roedd dwy gysegrfa i Huitzilopochtli, duw'r haul a rhyfel, a Tlaloc, duw'r glaw. Dyma lle byddai seremonïau mwyaf erchyll yr Asteciaid yn digwydd, gyda phobl yn cael eu haberthu. Byddai offeiriaid yn lladd ar yr allor ar ben y pyramid. Mae chwe phyramid cynharaf wedi dod i'r golwg o dan yr un a ddinistriodd y Sbaenwyr. Roedd pob teml newydd yn well na'r un o'i blaen.

Rhyfelwyr ac offeiriaid

Pendefigion oedd y marchogion eryr a jagwar, sef y prif ryfelwyr, a'r offeiriaid hefyd. Roedd rhai crefftwyr yn cael llawer o barch, yn enwedig y rhai oedd yn gweithio ag aur neu blu. Roedd grym gan fasnachwyr, ond dim llawer o fri. Gweithwyr di-grefft oedd yn y dosbarth isaf.

Y Moche

Yng ngogledd orllewin De America, adeiladodd diwylliannau mawr eraill dwmpathau a phyramidiau gwastad a rhai grisiau. Roedd y bobloedd hyn yn cynnwys y Chavín, Nasca, Moche, Chimú a'r Incas. Roedd y Moche'n byw ar hyd yr arfordir gogleddol lle mae Periw heddiw. Adeiladon nhw system ddyfrhau wych a oedd yn defnyddio'u tir i gyd. I ffrwythloni'r caeau, bydden nhw'n gwasgaru tail adar y môr, giwana, sy'n wrtaith ardderchog.

▲ I wneud brics wedi'u sychu yn yr haul, roedd rhaid rhoi pridd, dŵr a gwellt mân mewn pydew bas. Wedyn byddai gweithwyr yn sathru'r defnyddiau at ei gilydd. Roedd y gwellt yn help i gryfhau'r mwd.

▲ Mae'r mwd yn cael ei ffurfio'n frics mewn mowld pren heb dop na gwaelod, er mwyn ei ddefnyddio eto. Mae'r brics yn sychu'n galed yn yr haul.

▲ Roedd y Moche'n grochenwyr ardderchog. Mae eu potiau gorau'n dangos pobl ac anifeiliaid y cyfnod. Maen nhw'n dweud llawer wrthon ni am fywyd bob dydd a sut roedd pobl yn edrych.

Y Nasca

Roedd y Nasca'n byw yn ne Periw. Roedd eu gwehyddion yn creu tecstilau patrymog a llachar. Ond maen nhw'n fwyaf enwog am eu 'llinellau' dirgel – lluniau enfawr o adar ac anifeiliaid wedi'u hamlinellu ar y diffeithwch.

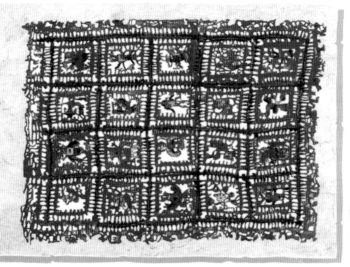

Ffermwyr, pysgotwyr a masnachwyr oedd y Moche. Doedd dim system ysgrifennu ganddyn nhw, ond roedden nhw'n grefftwyr ac adeiladwyr mawr. Roedd eu hadeiladau o frics mwd wedi'u sychu yn yr haul. Mae'r math yma o fricsen yn cael ei defnyddio drwy'r byd, os yw'r hinsawdd yn addas. Pyramid mwyaf y Moche oedd Pyramid yr Haul. Roedd yn 41 metr o uchder ac roedd dros 143 miliwn o frics ynddo. Roedd Pyramid y Lleuad wedi'i adeiladu o dros 50 miliwn o frics.

◀ Mae'r brics yn gryf ac fel arfer maen nhw'n para am ganrifoedd. Ond yn ystod y 1600, penderfynodd Sbaenwyr newid cwrs afon i olchi Pyramid yr Haul i ffwrdd er mwyn chwilio am yr aur oddi tano.

▶ Roedd y Moche'n grefftwyr copr, arian ac aur. Tlws i'w roi ar drwyn oedd hwn – arglwydd-ryfelwr, o aur, arian a maen glas. Daeth i'r golwg wrth gloddio beddrod ger Sipán.

Pyramid Sipán

Cyn seremoni, roedd rheolwr y Moche'n cael ei wisgo yn ei ddillad gwychaf. Rydyn ni'n gwybod am y gwisgoedd a'r tlysau oherwydd daeth rhai i'r golwg mewn dau feddrod i reolwyr Sipán o dan lwyfan ger pyramid Sipán.

Yr Incas

 Buodd yr Incas yn byw'n llwyddiannus yng ngogledd orllewin De America o 1438 i 1532. Roedden nhw'n credu bod eu rheolwyr, yr Incas Sapa, yn ddisgynyddion unionyrchol i'r haul. Dim ond nhw allai briodi eu chwiorydd. Roedd uchelwyr â gwaed brenhinol ac eraill oedd â'r un breintiau yn perthyn i ddosbarth y pendefigion. Oddi tanyn nhw roedd yr uchelwyr llai pwysig – swyddogion lleol – ac yna'r gwerinwyr. Yng nghymdeithas yr Incas roedd rhaid i bawb weithio a chyfrannu i'r gymuned, yn ôl eu safle a'u doniau. Roedd y wladwriaeth yn gofalu am rai mewn angen.

Adeiladu waliau

Roedd yr Incas yn seiri maen penigamp. Roedden nhw'n defnyddio blociau â sawl ochr, wedi'u llunio a'u gosod yn unigol i wneud waliau a therasau. I wneud palasau a themlau byddai blociau petryal yn cael eu gosod mewn haenau arferol. Bydden nhw'n defnyddio morthwylion carreg i lunio'r blociau, a thywod a dŵr i'w caboli.

Y *quipu*

Doedd dim system ysgrifennu gan yr Inca. Bydden nhw'n cadw cofnodion a chyfrifon â system o linynnau â chlymau a lliwiau o'r enw quipu.

Roedd pob llinyn a chwlwm yn cyfateb i wrthrych a rhif. Byddai rhedwyr yn cario'r *quipus* ar draws yr ymerodraeth.

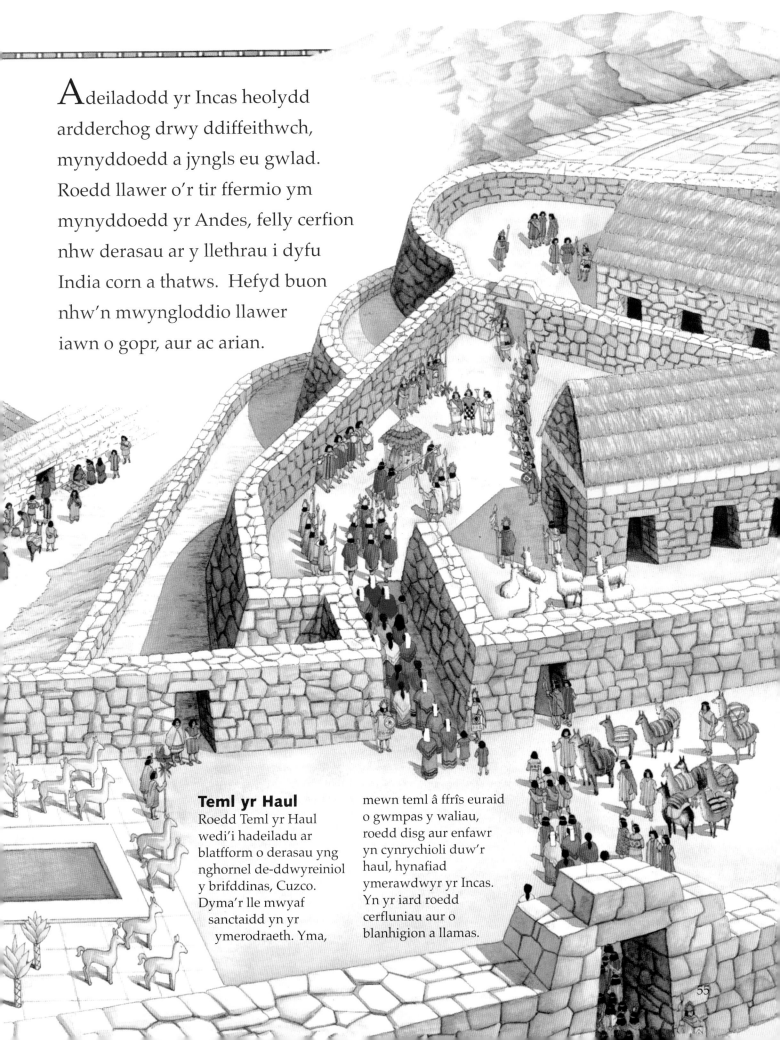

Adeiladodd yr Incas heolydd ardderchog drwy ddiffeithwch, mynyddoedd a jyngls eu gwlad. Roedd llawer o'r tir ffermio ym mynyddoedd yr Andes, felly cerfion nhw derasau ar y llethrau i dyfu India corn a thatws. Hefyd buon nhw'n mwyngloddio llawer iawn o gopr, aur ac arian.

Teml yr Haul

Roedd Teml yr Haul wedi'i hadeiladu ar blatfform o derasau yng nghornel de-ddwyreiniol y brifddinas, Cuzco. Dyma'r lle mwyaf sanctaidd yn yr ymerodraeth. Yma, mewn teml â ffrîs euraid o gwmpas y waliau, roedd disg aur enfawr yn cynrychioli duw'r haul, hynafiad ymerawdwyr yr Incas. Yn yr iard roedd cerfluniau aur o blanhigion a llamas.

55

Pyramidiau o gwmpas y byd

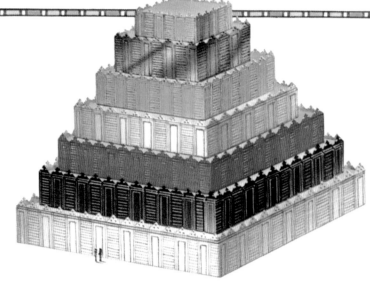

Mae diwylliannau eraill hefyd wedi cynnwys ffurf y pyramid yn eu hadeiladau, ond nid beddrodau oedd y rhan fwyaf. Roedd pobloedd Mesopotamia, y tir rhwng afonydd Tigris ac Euphrates sydd bellach yn Iraq, yn adeiladu llawer o lwyfannau grisiog. Ond roedd cerrig a phren da'n brin, felly roedden nhw'n defnyddio brics mwd.

Asyria

Roedd yr Asyriaid yn byw yng ngogledd Mesopotamia. Dechreuon nhw oresgyn eu hymerodraeth fawr yn ystod y 700au CC a nhw fu'n rheoli'r ardal tan 614 OC. Buon nhw hefyd yn adeiladu sigwratau enfawr i anrhydeddu eu duwiau. Roedd y sigwrat rhyfeddol hwn â grisiau mewn saith lliw gwahanol yn Khorsabad. Roedd dros 40 metr o uchder. Adeiladwyd Khorsabad gan y Brenin Sargon II (721-701 CC) fel prifddinas grand i'r ymerodraeth, ond bu farw'n fuan ar ôl iddi gael ei chwblhau. Yna gadawodd pawb y brifddinas ac aeth yn adfeilion.

Nubia

Ar ddiwedd Teyrnas Newydd yr Aifft, daeth Nubia'n annibynnol a buodd ei brenhinoedd ei hun yn ei rheoli. Roedd tipyn o'r diwylliant a'r grefydd yn tarddu o'r Aifft. Penderfynodd y brenhinoedd gael eu claddu yn hen ddull yr Aifft. Codon nhw feddrodau siâp pyramid iddyn nhw'u hunain a'u teuluoedd yn El Kurru a Nuri. Roedd y pyramidiau o dywodfaen lleol ac ochrau serth iddyn nhw. Roedd y siambrau claddu wedi'u torri i'r graig islaw a golygfeydd tebyg i rai'r Aifft yn eu haddurno.

Swmeriaid

Roedd y Swmeriaid, y bobl gyntaf i fyw yn ne Mesopotamia, yn adeiladu temlau ar lwyfannau isel. Pan fyddai angen temlau newydd, bydden nhw'n cael eu hadeiladu ar ben olion yr hen rai, felly roedd y llwyfannau oddi tano'n codi. Dechreuodd y Swmeriaid adeiladu temlau newydd hefyd ar sigwratau, neu lwyfannau temlau. Aeth y cysegr ar ben y llwyfan yn ddibwys o'i gymharu â'r sigwratau enfawr. Roedd y llwyfannau mor fawr fel bod rhaid creu terasau, gan greu math o byramid grisiau. Cafodd hwn ei adeiladu yn ninas Ur tua 2000 CC.

Babilon

Daeth y Babiloniaid i rym ym Mesopotamia tua 2000 CC. Dilynon nhw hen syniadau'r Swmariaid ac adeiladu sigwratau. Dyma'r Etemenanki, sigwrat mwyaf Babilon. Cafodd ei ailadeiladu yn ystod yr Ymerodraeth Newydd (625-539 CC) ar raddfa oedd yn addas i brifddinas yr ymerodraeth fawr newydd. Mae'n bosib fod 200,000 yn byw yn Babilon ar un adeg. Roedd y sigwrat tua 100 metr o uchder ac efallai mai dyma'r ysbrydoliaeth i stori Tŵr Babel yn y Beibl.

Java

Roedd angen miliwn o flociau o'r garreg leol i adeiladu Borobudur yn Java. Mae'r gwaelod yn 113 metr sgwâr, a phum gris uwch ei ben. Ar ben y rhain mae tri theras crwn, a 72 stupa arnyn nhw'n cynnwys cerfluniau o Bwda. Yng nghanol y pyramid mae stupa enfawr. Mae'r lefelau gwahanol yn dangos syniadau gwahanol Bwdhaeth. Mae'r deml yn symbol o'r bydysawd, ac o'r mynydd hefyd, lle sanctaidd yn ne-ddwyrain Asia. Gall hefyd helpu addolwyr i fyfyrio, ac mae'n ganolfan i ddefodau crefyddol.

Rhufain

Mae'r Aifft, ei henebion a'i hanes hir wedi creu argraff ar lawer. Roedd y Rhufeiniaid hefyd yn hoff o dduwioldeb yr Aifft. Lledodd cwlt y dduwies Isis ar draws Ymerodraeth Rhufain cyn belled â Mur Hadrian ym Mhrydain. Efallai mai dyna pam y cafodd cofeb angladdol ar ffurf pyramid ei adeiladu yn Rhufain. Yn Oes Fictoria, roedd yr Aifft hefyd o ddiddordeb i bobl Ewrop, a theithiau Cook yn mynd â llawer o bobl i syllu ar ryfeddodau'r pharoaid. Ar ôl cyrraedd adref, dewisodd rhai gael cofebion siâp pyramid ar eu beddau.

Burma

Dyma Dhammayangyi – un o nifer o demlau Bwdhaidd yn Pagan yn Burma. Lladdodd y Brenin Narathu (1169-74) ei dad, ei frawd a'i wraig. Adeiladodd y deml i dalu'n iawn am ei bechodau, ond lladdodd y pensaer fel na allai adeiladu un arall tebyg iddo. Mae'r deml yn sgwâr, wedi'i hadeiladu o gwmpas piler canolog. Mae'r gwaith brics yn gywrain iawn – efallai oherwydd bod Narathu'n torri dwylo unrhyw un nad oedd yn dda am osod brics!

Pŵer Pyramidiau

Mae archeolegwyr wedi bod yn astudio pyramidiau am dros gan mlynedd, ac rydyn ni'n dal i ddysgu rhagor o bethau amdanyn nhw. Maen nhw hefyd wedi ysbrydoli llawer o ddamcaniaethau a syniadau rhyfedd. Mae hysbysebwyr modern wedi sylweddoli bod rhywbeth yn arbennig am siâp pyramid ac maen nhw'n defnyddio lluniau ohonyn nhw i werthu llawer o nwyddau gwahanol.

▲ Yn 1993 archwiliodd y robot bach hwn siafft fechan yn y Pyramid Mawr yn Giza. Daeth o hyd i ddrws wedi'i seilio yn y pen draw.

Pyramid newydd ar ôl 3,000 o flynyddoedd!

Cofeb i Arlywydd Sadat o'r Aifft a'r rhyfelwr anhysbys yw'r fersiwn modern yma o byramid. Mae testunau o'r Koran dros yr ochrau i gyd.

Pyramid 'Transamerica'

Mae llawer o benseiri modern y tu allan i'r Aifft wedi cymryd ffurf y pyramid a'i addasu. Maen nhw wedi defnyddio defnyddiau modern fel gwydr a dur, a chreu adeiladau cwbl wych. Yn San Francisco, UDA, mae pyramid Transamerica i'w weld o bell. Mae siâp y pyramid yn helpu i wrthsefyll y daeargrynfeydd cyson sy'n digwydd yn yr ardal. Cafodd y pyramid ei adeiladu yn 1970. Mae'r copa'n 257 metr o uchder.

Damcaniaethau am byramidiau

Yn yr Oesoedd Canol, roedd rhai pobl yn meddwl mai ysguboriau Joseff oedd y pyramidiau. Mae stori yn y Beibl yn sôn am Joseff yn rhoi gwybod ymlaen llaw i'r ffaro y byddai newyn yn yr Aifft. Awgrymodd y dylen nhw storio grawn mewn ysguboriau. Roedd pobl eraill yn credu bod offeiriaid yn arfer gwylio'r sêr o'r pyramidiau. Yn Oes Fictoria, roedd pobl yn meddwl bod y Pyramid Mawr yn gallu cael ei ddefnyddio i ragfynegi'r dyfodol. Mae rhai damcaniaethwyr modern yn honni bod ymwelwyr o blanedau eraill wedi helpu i adeiladu pyramidiau Giza!

Cysylltiad â'r sêr

Mae ymchwil wyddonol yn dangos bod dwy o'r siafftiau cul yn y Pyramid Mawr yn pwyntio at sêr y gogledd. Mae trydedd seren yn pwyntio at Orion, a phedwaredd at Sirius.

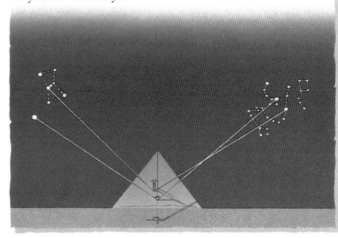

Pyramid y Louvre

Mae ochrau'r pyramid gwydr, sy'n fynedfa i Amgueddfa'r Louvre ym Mharis, yn codi ar yr un ongl â'r Pyramid Mawr. Mae rhai pobl yn teimlo nad yw'r pyramid yn gweddu i'r hen balas o Oes y Dadeni.

Tŵr Canary Wharf

Un o'r adeiladau modern trawiadol yn ardal Dociau Llundain yw tŵr Canary Wharf, sydd â 50 llawr. Mae'n debyg i obelisg enfawr, gan fod pyramid ar ben y tŵr uchel fel piler. Dyma'r adeilad talaf ym Mhrydain.

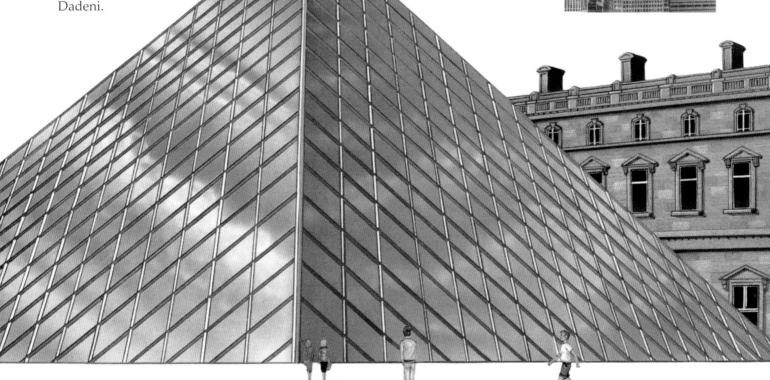

Geirfa

aberth Rhywbeth sy'n cael ei roi fel offrwm i dduw, fel bwyd, gwin, arogldarth, blodau neu fywyd anifail neu berson hyd yn oed.

Agor y Geg Rhan bwysig o wasanaeth claddu'r Hen Aifft. Mae'r ddefod yn cynnwys cyffwrdd â'r mymi â nefydd seremonïol i agor y geg fel ei fod yn gallu siarad a symud eto.

archaeolegydd Person sy'n astudio hen bobloedd drwy gloddio am eu hoffer, y nwyddau roedden nhw'n arfer eu gwneud ac olion eu hadeiladau.

astroleg Astudiaeth wyddonol o'r sêr a'r planedau.

bagl Ffon fer yn debyg i ffon fugail. Roedd yn rhan o'r wisg frenhinol yn yr Hen Aifft.

barics Adeilad mawr lle mae nifer o filwyr neu weithwyr yn byw.

beddrod Bedd ag adeilad arno, neu nifer o ystafelloedd wedi'u torri i'r graig.

y Byd Nesaf Dyma lle roedd enaid person yn mynd ar ôl marw.

bywyd tragwyddol Bywyd ar ôl marwolaeth.

calchfaen Carreg wen sy'n hawdd ei thorri a'i cherfio. Roedd pyramidiau'r Aifft wedi'u codi o flociau o galchfaen.

car llusg Pâr o redwyr wedi'u rhoi at ei gilydd i dynnu llwythi trymion dros dywod.

JARIAU CANOPIG

babŵn

dyn

hebog

siacal

CARTOUCHE

cartouche Ffrâm hirgrwn o gwmpas enw brenin neu frenhines. Mae'n dod o'r arwydd hieroglyff am ddiogelwch.

cerfwedd Darlun wedi'i gerfio sy'n addurno mur neu wal.

cerrig casin Haen allanol pyramid, sy'n gorchuddio'r holl gerrig y tu mewn.

chinampas Yr ynysoedd artiffisial yn Llyn Texoco, wedi'u gwneud gan yr Asteciaid o bren, rhedyn a mwd. Bydden nhw'n tyfu llysiau a ffrwythau arnyn nhw.

COLOFNAU

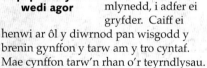
palmwydd

ciosg Adeilad ysgafn, â chefn a dwy ochr fel arfer.

cloddiau Roedd cloddiau uchel yn cael eu hadeiladu i warchod pentrefi neu dir rhag llifogydd. Fel arfer, roedd ffos ar un ochr.

cloddio Palu safle i geisio dod o hyd i unrhyw beth sydd o dan yr wyneb.

colofn Piler tal i gynnal toeon. Fel arfer roedd colofnau wedi'u haddurno â cherfiadau o bapurfrwyn neu ddail palmwydd.

crair Rhywbeth sanctaidd. Eiddo neu ddarn o gorff person pwysig neu sanctaidd.

cwlt Addoli crefyddol, neu'r defodau arbennig a ddefnyddir wrth addoli.

cŷn Offeryn â llafn syth, miniog i gerfio pren neu garreg.

cysegrfa Lle sy'n cynnwys cerflun duw neu grair sanctaidd.

diorit Carreg galed iawn â lliw brith, du a gwyn. Byddai'n cael ei defnyddio ar gyfer cerfluniau.

ffrîs Addurniadau sy'n mynd o gwmpas rhan uchaf wal.

ffust Dolen â thri llinyn o gleiniau. Roedd yn rhan o'r teyrndlysau yn yr Hen Aifft.

giwana Enw a ddefnyddir yn Ne America am faw'r miliynau o adar môr sy'n nythu ar hyd yr arfordir gorllewinol.

gordd Morthwyl, o bren fel arfer.

papurfrwyn

goresgyn Cymryd rheolaeth dros dir neu bobl ar ôl ennill brwydr.

Goresgynnwr yw'r person sy'n gwneud hyn.

goreuro Rhoi haen denau o aur dros garreg neu bren.

gwenithfaen Carreg galed iawn sydd i'w chael o gwmpas tref fodern Aswaan yn yr Aifft. Gall fod yn binc neu lwyd, gyda darnau crisial gloyw.

papurfrwyn wedi agor

heb sed Gŵyl y Gynffon – hen seremoni Eifftaidd, i'w chynnal fel arfer pan oedd brenin wedi rheoli am 30 mlynedd, i adfer ei gryfder. Caiff ei henwi ar ôl y diwrnod pan wisgodd y brenin gynffon y tarw am y tro cyntaf. Mae cynffon tarw'n rhan o'r teyrndlysau.

hieroglyffau Ysgrifennu â darluniau.

iau Polyn pren wedi'i osod ar draws ysgwyddau person. Mae'r pethau i'w cario yn cael eu hongian ar bob pen.

Inca Sapa Yr Inca pwysicaf. Roedd yn dal swydd debyg i ymerawdwr.

jagwar Aelod mawr o deulu'r cathod â chot smotiog. Mae'n byw yng Nghanol a De America.

jariau canopig Jariau lle roedd organau mewnol mymi Eifftaidd yn cael eu cadw. Yn ystod y Deyrnas Ganol roedd pennau pobl ar y cloriau. Erbyn y Deyrnas Newydd roedden nhw ar ffurf pennau pedwar mab Horus – dyn, babŵn, siacal a hebog.

jêd Carreg werdd galed.

kohl Paent tywyll i amlinellu'r llygaid.

llama Anifail o Dde America. Mae'n cael ei gadw i roi gwlân a chario nwyddau.

llinach Llinell o frenhin-oedd neu arglwyddi. Aelodau o'r un teulu sy'n etifeddu'r orsedd, un ar ôl y llall.

llinyn plwm Llinyn â phwysau ar un pen iddo. Roedd yn cael ei ddefnyddio i wneud yn siŵr fod carreg neu wal gyfan yn unionsyth.

Llyfr y Meirw Byddai'n cael ei ysgrif-ennu ar sgrôl papurfrwyn a'i osod yn yr arch neu ar ei bwys. Roedd wedi'i seilio ar Destunau'r Pyramid, ond roedd i'w ddefnyddio gan bobl gyffredin yn ogystal â'r teulu brenhinol. Mae'n dweud wrth y person marw sut i oresgyn pob perygl a chyrraedd teyrnas Osiris yn ddiogel.

maen capan Maen uchaf pyramid. Siâp pyramid oedd iddo.

mastaba Gair Arabaidd yn golygu mainc o frics mwd. Rhoddwyd yr enw modern hwn i rai hen feddrodau Eifftaidd yn Giza a Sakkara am fod yr un siâp iddyn nhw.

meteorit Darn o graig neu fetel sydd wedi cwympo i'r ddaear o'r gofod.

mymi Corff wedi'i bêr-eneinio. Mae'r gair yn dod o'r Arabeg: *mumiya*, sy'n golygu pyg (tar). Roedd rhai mymis wedi troi'n ddu, felly credir eu bod nhw wedi'u gorchuddio mewn pyg.

natron Halen naturiol. Roedd yr Eifftiaid yn ei fwyngloddio yn y Wadi el Natrun.

nefydd Offeryn â llafn crwm sy'n cael ei ddefnyddio i sgrafellu.

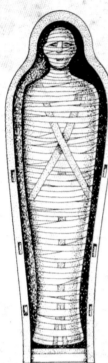

MYMI

nwyddau claddu Eitemau oedd yn cael eu rhoi mewn bedd i'r person marw eu defnyddio neu'u mwynhau yn y Byd Nesaf.

obelisg Piler tal sgwâr o garreg â phyramid ar ei ben.

offrymu Rhoi bwyd, diodydd, goleuadau ac ati i berthnasau marw neu aelodau marw o'r teulu brenhinol.

INCA SAPA

palet Slab o bren neu garreg a ddefnyddir i gymysgu paent neu inc.

palisâd Wal o bolion pren cryf pigog, i amddiffyn tref fel arfer.

papurfrwyn Roedd yr Eifftiaid yn torri'r coesyn yn stribedi ac yn eu gwasgu at ei gilydd i wneud math o bapur.

pensaer Person sy'n dylunio adeiladau.

pêr-eneinio Cadw corff rhag iddo bydru.

pharo Mae'r enw'n dod o ddau hen air Eifftaidd *per 'o*, sy'n golygu Tŷ Mawr neu balas. Roedd yn cael ei ddefnyddio i gyfeirio at y brenin.

PHARO

quipu Hen ffordd yr Inca o gadw cofnodion, wedi'i wneud o gyfres o linynnau lliw a chlymau.

ramp Llethr sy'n cysylltu'r tir â lefel uwch.

resin Sylwedd gludiog sy'n dod o goesynnau neu foncyffion rhai planhigion a choed. Roedd yn cael ei ddefnyddio er mwyn pêr-eneinio.

LLINELL BLWM

sêr y Gogledd Grŵp o sêr uwchben Pegwn y Gogledd. Roedd yr Eifftiaid yn eu galw'n Sêr Diddarfod, achos nad oedden nhw byth yn machlud o dan y gorwel.

sffincs Ffurf ar dduw'r haul yr Hen Aifft. Corff llew, a phen y brenin ar yr orsedd neu hwrdd. Wyneb y Brenin Khafre sydd i Sffincs Giza.

siambr ystlysol Nid y brif siambr ym meddrod brenin ym Mhyramidiau'r Aifft, ond siambr wrth ei hochr.

Sidydd Roedd yr hen bobl yn rhannu'r awyr yn ddeuddeg rhan gyfartal. Mae pob rhan wedi'i henwi ar ôl cytser (grŵp o sêr).

sigwrat Yr enw ar y llwyfannau teml grisiog a godwyd yn yr Hen Fesopotamia.

stela Slab unionsyth o garreg ag arysgrifau ac weithiau lluniau wedi'u cerfio arno.

stupa Cofeb Fwdhaidd yn cynnwys crair neu gerflun o'r Bwdha.

swynogl Tlws sy'n cael ei wisgo i ddod â lwc dda neu i warchod rhywun rhag niwed.

Teml Corffdy Dyma'r rhan o adeiladau'r pyramid yn yr Hen Aifft lle roedd offrymu'n digwydd bob dydd i ysbryd y brenin.

Teml y Dyffryn Rhan o adeiladau'r pyramid yn yr Aifft, fel arfer wedi'i chodi lle roedd y diffeithwch a'r caeau'n cwrdd.

TEML Y DYFFRYN

Byddai corff brenin marw'n cael ei gludo yno i'w baratoi i'w gladdu.

teras Lle gwastad wedi'i godi er mwyn cerdded, sefyll neu dyfu cnydau.

teyrndlysau Y coronau a'r holl eitemau mae brenin neu frenhines yn eu gwisgo mewn seremonïau i ddangos eu safle.

teyrnged Taliad roedd pobloedd wedi'u goresgyn yn ei wneud i'r goresgynnwr.

ysgrifennydd Person a allai ysgrifennu – copïo dogfennau ac ysgrifennu llythyrau.

Mynegai

A

aberthu 44, 50-51, 61
addoli 14, 47
Agor y Geg 29, 34, 61
angladd 28, 32, 37
Andes, Mynyddoedd yr 55
Anubis 31, 35, 40
archaeolegydd 58, 60
arf 11, 43
arian 53, 55
Asteciaid 44, 48-49, 50-51
Aswaan 22
Asyriaid 56
aur 11, 53, 55

B

ba 34
Babilon 57
barics 9, 16, 60

beddrod 6, 18, 21, 24, 32, 36-37, 38-39, 40-41, 61
benben 29, 39
Bonampak 44
Borobudur 57
brenin 4, 5, 6, 7, 8, 14, 18, 19, 20, 29, 32, 34
brics mwd 52-53, 56
Burma 57
Byd Newydd y 5, 7, 24, 25, 29, 30, 31, 32, 34-35, 40, 60
bywyd tragwyddol 34, 60

C

calchfaen 10, 17, 22, 44, 60
calendr 15, 44
Canary Wharf, Tŵr 59

canopig, jar 30, 60
car llusg 13, 17, 20, 61
carreg 10, 11, 12, 20, 22, 54
carreg casin 17, 22, 23, 60
cartouche 27, 60
Castillo, Y 46-47
   cerflun 25
   cerflunydd 10
   cerfwedd 41, 61
   Chavín 52
   Chichén Itzá 46-47
   Chimú 52
Chinampa 49, 60
colofn 24, 60
   Copán 44
   copr 11, 43, 53, 55
   crefftwr 8, 10-11, 45, 51
creirfa 44, 47, 51, 55, 56, 61
crochenwaith 52
Cuzco 55
cwlt 32, 60
cŵn 11, 22, 60

CH

chwarel 10-11, 12, 22

D

Dahshur 19
Deir el Medina 38, 39
Dhammayangyi 57
Diffeithwch Gorllewinol 7
duw 14, 15, 32, 34
Dyffryn México 48
Dyffryn y Brenhinoedd 36-37, 39

E

El Kurru 56
El Mirador 44-45
Etemenanki 57
Etowah 43

Ff

ffos 21

G

gemwaith 11, 33, 43, 53
Giza 17, 25, 26-27, 59
gordd 10, 11, 22, 60
gwehyddu 52
gweithiwr 8, 9, 10, 16, 44

H

Hathor 15
heb sed, gŵyl 19, 60
Hen Deyrnas 4, 8, 21, 25, 32, 37
hieroglyffau 11, 41, 45, 60
Horus 6, 14, 27, 34
Huitzil-opochtli 51
Huni, Brenin 19

I

iau 12, 61
Imhotep 18
Incas, 52, 54-55
India corn 49, 55
Ineni 37
Isfyd, yr 34
Isis 15

J

jagwar 46, 47
Java 57
Joseff 59

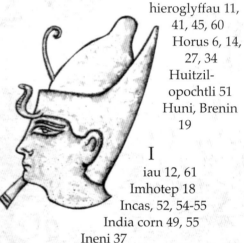

K

ka 34
Kahun 32-33
Khafre, Brenin 23, 26, 27
Khorsabad 56
Khufu, Brenin 17, 23, 25, 26

L

Lahun 33
lefelu'r safle 21
Louvre, pyramid 59

Ll

lleidr/lladron 32, 37, 40
llifogydd 5, 9, 12, 16, 22
llinach 8, 60
llinell blwm 22, 23, 61
llong 12
llwyfan grisiau 56
Llyfr y Meirw 34-35, 60

M

maen capan 22, 23, 60
masnach 12, 21, 43, 46, 53
mastaba 18, 27, 60
Maya 44-45, 46-47
Mayapán 46
Meidum 19
Memphis 9, 28
Menkawre, Brenin 26
Mesopotamia 56, 57
metel, gweithiwr 10, 11
Mississippi, pobl 42-43
Moche 52-53
murlun 38, 39
mwd, brics 52-53, 56
mymi 20, 29, 30-31

N

Nasca 52
natron 30, 61
Nîl, afon 5, 7, 12-13, 20
Nubia 56
Nuri 56

O

obelisg 39, 61
offeiriad 8, 14, 15, 28, 31, 32, 44, 51
offer 11, 22, 43, 45
offrymu 35, 37, 39, 61

Olmecs 44
Orion 35, 59
Osiris 15, 34, 35

P

Pagan 57
palet 11, 61
papurfrwyn 11, 61
pensaer 6, 18, 60
pêr-eneinio 28, 30-31, 60
Ptah 14
pydew cychod 25
Pyramid Crwm 19
pyramid grisiau 17, 18-19, 44-45, 52
pyramid ochr syth 17, 20-21
Pyramid Mawr 17, 25, 26, 58, 59
pyramid y frenhines 21

Ph

pharo 8, 61

Q

quipu 54, 61

R

ramp 17, 20, 22, 24
Re 6, 15, 20, 29, 34, 39
robot 58
Rosetta, Carreg 41

Rh

Rhufain 57
rhyfelwr 44, 51

S

Sadat, pyramid 58
Sakkara 17, 38
saer maen 10, 16, 54
Sapoteciaid 44
Sargon II, Brenin 56
sarn 20, 48
Sennedjem 38
Sensuret II, Brenin 33
seremoni gosod seiliau 15
seren 15, 18, 34, 35, 59
sffincs 27
Sidydd 15, 61
sigwrat 56, 57, 61
Sipán 53
Sneferu, Brenin 19
stela 45, 61

stupa 57, 61
Sumer 56
swynogl 31, 60

T

temlau 24-25, 39, 43, 44, 55, 56
Teml Corffdy 20, 25, 37, 61
Teml Fawr Pyramid 48, 50-51
Teml y Dyffryn 20, 25, 28, 61
Teml yr Haul 55
Tenochtitlán 48-49, 50-51
Testunau'r Pyramidiau 20, 24
Texcoco, Llyn 48
Teyrnas Ganol 4, 32, 37
Teyrnas Newydd 4, 12, 25, 31, 32, 37, 38
Teyrndlysau 6, 61
Thebes 37, 38
Thoth 35
Tlaloc 51

Tolteciaid 44, 46
Transamerica, pyramid 58
treth gweithio 9, 16
Turah 22
Tutankhamun 40-41
Tuthmosis I, Brenin 37
twmpath, adeilad 42-43
Tŵr Babel 57

U

Unas, Brenin 24

Y

ysgrifennu 11, 41, 45, 53
ysgrifennydd, 8, 10, 11, 61
ysguboriau Joseff 59

Z

Zoser, Brenin 17, 18, 19

Cydnabyddiaeth

Dymuna'r cyhoeddwyr ddiolch i'r arlunwyr canlynol
am eu cyfraniad i'r llyfr hwn:

Julian Baker 17*dd*, 18-19*t*, 20*t*, 20-21*c*, 22*gch*, 26*t*, 31*tdd*, 49*tdd*, 51*tdd*;
Vanessa Card 8, 14-15*g*, 26-27, 34*gch/tdd*, 40*gdd*, 44*gch*, 45*tdd*;
Peter Dennis (Linda Rogers Associates) 4-5, 6-7*tc/g*, 16-17, 18-19*g*,
24-25*g*, 46-47; **Frances D'Ottavi** 9, 10, 30-31*c*, 50-51;
Terry Gabbey (Associated Freelance Artists Ltd) 38-39, 42-43;
Christa Hook (Linden Artists) 32*gch*, 35*tdd*, 44*tch*, 49*c/gdd*, 54*tdd/gch*;
Christian Hook 53*cdd*; **John James** (Temple Rogers Artists Agency) 48;
Eddy Krähenbühl 22*t/c/gdd*, 40-1*c*, 55; **Angus McBride** 44-45*gdd*, 53-53*c*;
Nicki Palin 11*r*, 12*c*, 20*c*, 21*gdd*, 24*tch*, 32*c*, 33*dd*, 34*c*, 35*tch*, 37*gdd*, 43*tdd*,
47*tdd*, 51*tch*, 52*gch/gdd*, 53*tdd*, **Studio Boni Galante** (Virgil Pomfret
Agency) 26-27*c*, 32-33*c*; **Ian Thompson** 56-57, 58*cch/gdd*, 59*tdd/g*; **Shirley
Tourret** (B L Kearley Ltd) 30*tch/bc*, 31*bdd*; **Andrew Wheatcroft** (Virgil
Pomfret Agency) 12-13, 14*t*, 15*t*, 28-29.

Dyluniwyd gan Vanessa Card a John Lobban (B L Kearley Ltd).

Diolch hefyd i'r canlynol am ddarparu deunydd
ffotograffig ar gyfer y llyfr hwn:

Tudalen 6 ZEFA
15 & 19*t* Ancient Art & Archive Collection
19*b*, & 24 Peter Clayton
27 G Dagli Orti
29 & 35 Michael Holford
40 ZEFA
41*tch* & 41*tc* ZEFA; 41*cdd* British Museum
47 G Dagli Orti
58 Anne Millard
58-59 Ancient Art & Architecture Collection
59 ZEFA